SNSマーケティングの

僕らはSNSでモノを買う

「新

株式会社ホットリンク執行役員CMO
飯髙悠太

Discover

僕らはＳＮＳでモノを買う

はじめに

「せっかく作った広告が、ほとんど見てもらえない」
「自分たちが届けたい情報が、ユーザーに届かない」
「クリック単価が高くなりすぎて、費用対効果が悪い」
「そこまでして情報を見てもらっても、モノが売れない」

これらはここ最近、ＳＮＳマーケティングに携わる方や、広告代理店の方たちからよく聞く悩みです。

２０１８年、インターネットの広告費は１兆７５８９億円、５年連続の２ケタ成長となりました。現在、インターネットとテレビの広告費の差は微々たるもので、２０１９年はついにインターネットの広告費が、テレビの広告費を抜くといわれています。

しかし、その一方で「ネット広告がきかなくなってきた」という実感も急速に広まっています。冒頭にあげたような悩みを持っているマーケティング担当者は多いのではないでしょうか。

でも、断言できますが、**SNSマーケティングは、今が一番おもしろい時代です。**

とくに、中小企業やベンチャー企業、個人事業主といった、広告予算が潤沢にとれない企業やビジネスパーソンにとって、**今ほど「下克上」を起こしやすい時代はありません。**

人類史上はじめて、中小企業や個人事業主が、大企業から発信される情報に太刀打ちできる時代がやってきたのです。

こんな時代、楽しいに決まってるじゃないですか！

ではなぜ、今、中小企業や個人事業主が、情報発信と情報伝達において、大企業に肩を並べられるようになったのでしょうか。

それは、SNSによって、誰もがメディアになり、誰もがコンテンツの作り手になれる時代がやってきたからです。

「そんなことは、オマエに言われなくてもわかってるよ」と言われてしまうかもしれません。

でも、これまで数多くの企業のマーケティング担当者の話や、広告代理店の顧客獲得戦略を聞いてきましたが、

・誰もがメディアになれる時代であること
・誰もがコンテンツが作れる時代であること

はみんな知っているのに、そのことが、どのように商品やサービスの購買につながるのかを、きちんと理解できている人は、ほとんどいません。

ここに、下克上のチャンスがあります。

この書籍では、**SNS時代のユーザー行動について分析し、どのような情報発信をすれば、それが購買につながっていくのか**を、事例を交えながら解説していきます。

まずは、ユーザー行動を読み解き、彼らがどのような方法で情報を収集し、どのような情報を好み、どんなシーンで購買を決めるのかを知りましょう。

それらを知ったうえで、自分たちが届けたい情報を、ユーザーに本当に届く方法で伝えるのです。

ポイントになるのは、

・UGC（ユージーシー）
・ULSSAS（ウルサス）
・スモール・ストロング・タイ（小さくて強い絆）

といった、SNS時代ならではの新しい概念です。

SNS時代のユーザー行動と情報伝播の道筋を知れば、必ずしも大きな広告費を投下しなくても、ユーザーに情報を届け、購買を促すことができます。

❖

はじめまして。飯高悠太と申します。僕は、広告代理店に就職したのを皮切りに、スタートアップ企業で複数のウェブサービスやメディアの立ち上げに関わり、100社以上のコンサルティングを経験してきました。

前職では、中小企業のマーケティング担当者の課題を解決するメディア「ｆｅｒｒｅｔ」の創刊編集長をつとめ、メディアの運営と、コンテンツマーケティングに携わってきました。

そして現在は、ＳＮＳマーケティングを軸としたコンサルティングやアドバイスをメイン業務にしています。

このように、ＳＮＳマーケティングの界隈を長年うろうろしてきた僕が、「今が一番おもしろい時代」と言ったのには２つの理由があります。

ひとつは、先ほど言ったように、**資本（広告予算）がものをいう時代が終わり、誰でもやり方次第で効果的なマーケティングができるようになったこと。**

そして、もうひとつは（実はこちらのほうが、大きな理由なのですが）、**本当にいい商品やサービスが評価され、購買される時代がやってきた**こと。これは、自分たちが本当にいいと思う商品やサービスを、喜んでくれる人の元に届けることができる時代になったということです。

マーケティングに携わる人間にとって、なんとやりがいのある、いい時代でしょうか！

この本では、マーケティングの初心者や、起業したばかりの経営者、自分で集客をしなくてはならない個人事業主の皆さんなどにもわかりやすいように、2人の登場人物と会話をしながら、お話を進めていきます。日々コンサルティングをする中で、よく聞かれる質問や、マーケティング担当者がつまずきやすいポイントも、できる限りカバーしました。2人と一緒に、SNS時代のマーケティングを極めていきましょう。

皆さんの商品やサービスの情報が、たくさんのユーザーに届き、購買につながりますように。

飯髙悠太

目次

第1部 僕たちのメッセージは、どうすれば届く？

SNS活用編

第2部 僕たちのメッセージは、どのように作ればいい？

コンテンツ活用編

飯髙悠太

ウェブマーケター。広告代理店勤務を経て、100社以上のコンサルティングを経験。メディア運営におけるコンテンツマーケティングと、SNSマーケティングの第一人者。

浅野大輔

飯高の高校時代のサッカー部の後輩。インテリアメーカーのマーケティング部門で、ウェブ担当者になったばかり。

木下奈美

浅野の大学時代のゼミの先輩。接客指導をメイン事業とする会社で12年働いたのち、昨年独立。現在は、過去のクライアントを中心に指名を受けて研修講師をしている。

第1部

SNS活用編

僕たちのメッセージは、どうすれば届く？

1

ＳＮＳで
モノが
売れるの!?

僕、ＳＮＳでモノを買ったことなんか、ないですよ
今日、浅野くんは、どうしてこのお店に来たんだっけ？

飯髙さん、ここでーす！　お久しぶりです！

おー、浅野くん、久しぶり。元気にしていた？

今日は時間を作っていただきありがとうございます。僕、会社でＳＮＳマーケティングの担当者になっちゃったんですよ。それで勉強しなきゃと検索していたら、飯髙さんの名前を見つけて……

うんうん。会えて嬉しいよ。彼女は、はじめましてだよね

木下といいます

大学時代の先輩なんですが、僕が飯髙さんにＳＮＳマーケティングの話を聞きに行くと言ったら、ぜひ連れていってほしいって

突然お邪魔してすみません。昨年接客講師として独立したばかりなので、飯髙さんのお話をぜひお聞きしたくて

はーい、よろしくです

飯髙さん、早速なんですが、僕、ツイッターやインスタグラムの公式アカウントの中の人をやって売上に貢献しろって言われたんですよ

それは、おもしろそうだね

ええ、そうなんですか？

今の時代、すごくやりがいのある仕事だと思うよ

でも、ＳＮＳでモノが売れることなんてありますか？　僕、調べたんですけれど、一般の人たちって95パーセントがリアル店舗で商品を買うみたいですよ

それはたしかにそのとおりだね

僕自身も、ＳＮＳで商品を買ったことなんかないですし……

それは本当にそうかな？　じゃあ、今日、浅野くんは、どうしてこのレストランに来たんだっけ？

それは、飯高さんから「この店がオススメだから、飲みながら話をしようか」とツイッターのＤＭをもらったからですけれど……あ！

気づいたかな。浅野くんがこのレストランに来たのも「ＳＮＳ経由で商品を買った」ことになるよね

た、たしかに……

ＳＮＳでのユーザーの行動が購買につながっていることをイメージできていない人は多い。でも、確実にＳＮＳからの購買は増えているんだよ

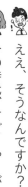

僕の後輩の浅野くんは、企業のSNSアカウントの責任者になったようです。このような立場の方からよく聞かれるのは、

「SNSでモノが売れるんですか？」

です。

広告代理店の人と話をしていても、プロのウェブマーケターの人たちと話をしていても、「SNSでモノが売れる」ということがピンとこないという人は多いようです。

でも、**「SNSでモノが売れるんですか？」と聞かれたら、僕は自信を持って「売れます」と答えます。**

たしかに、浅野くんが言うように、いくらアマゾンやZOZOなど、ネットでの購買がメジャーになったとしても、デジタルマーケットでの消費は全体の5パーセントにすぎません。

けれども、SNSが購買に影響を与えるのは、デジタルマーケットでの購買だけでしょうか？　そんなことはないですよね。

3分の2の人はSNSをきっかけに購買や参加を決めている

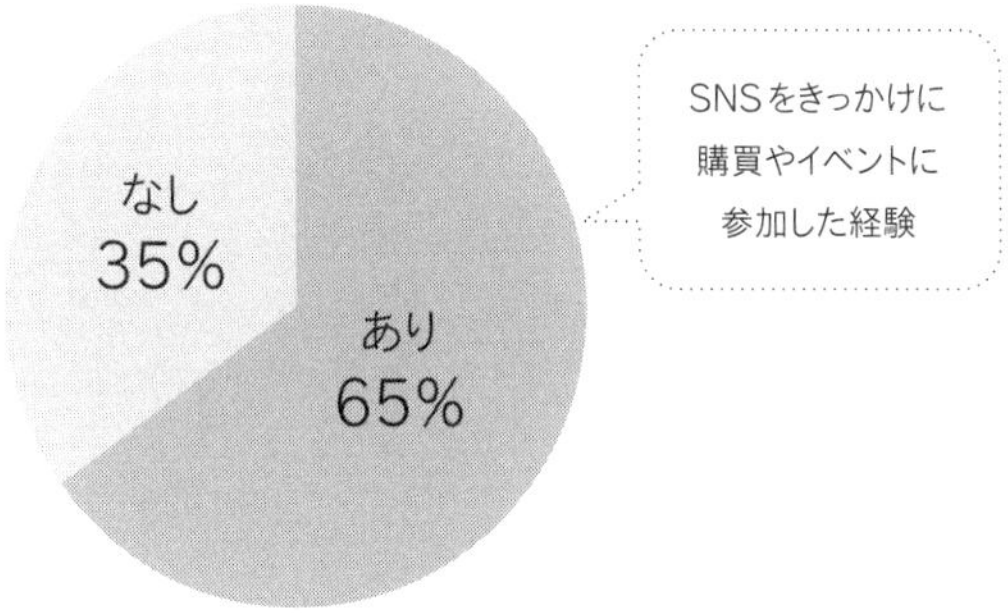

調査対象:Twitter・Instagram・Facebookのいずれかの SNS アカウントを取得、閲覧頻度「週に1回以上」、発信頻度「月に1回以下」の20～30代女性1000人　調査期間:2017年4月21日～26日　調査方法:インターネット調査　調査実施機関:楽天リサーチ
出典:https://netshop.impress.co.jp/node/4511
出典:https://www.trenders.co.jp

今回、僕のツイッターのDMを見て浅野くんと木下さんがこのレストランに来たように、SNSでの投稿が実際のリアルな購買に影響を与えていることはたくさんあります。ウェブで商品を売りたい、集客をしたいと考えている人は、まずこのことに気づくことが大事です。

上の円グラフを見てください。SNSをきっかけに購買やイベントに参加した経験がある20代から30代の女性が、65パーセントもいるというデータが出ています。

3人に2人はSNSをきっかけに購買や参

加を決めているのですから「SNSでモノが売れるのか」という質問に対する回答が「YES」であることがわかるでしょう。

この傾向は実は海外ではもっと進んでいます。

次のページのデータを見てください。これは、「SNSで話題になったモノをよく買うかどうか？」という質問に対する答えです。見ていただければわかるように、中国ではほぼ全世代において半数以上の人がSNSをきっかけに買い物をしています。日本も今後、若い世代から順に、SNSをきっかけに商品の購入をしたり、どこかに出向いたりする人は増えていくでしょう。

しかも、日本におけるSNS人口はどの世代をとっても、増え続けています。

毎日少なくとも1回はSNSを利用する人は、多くの世代で7割かそれ以上となっています。SNSマーケティングは、日本でこれからもっとも楽しく、効果を上げやすくなる分野だといえます。

飯髙さんが〝やりがいがある仕事〟と言った理由がわかりました！

海外ではSNSが購買のきっかけになっている

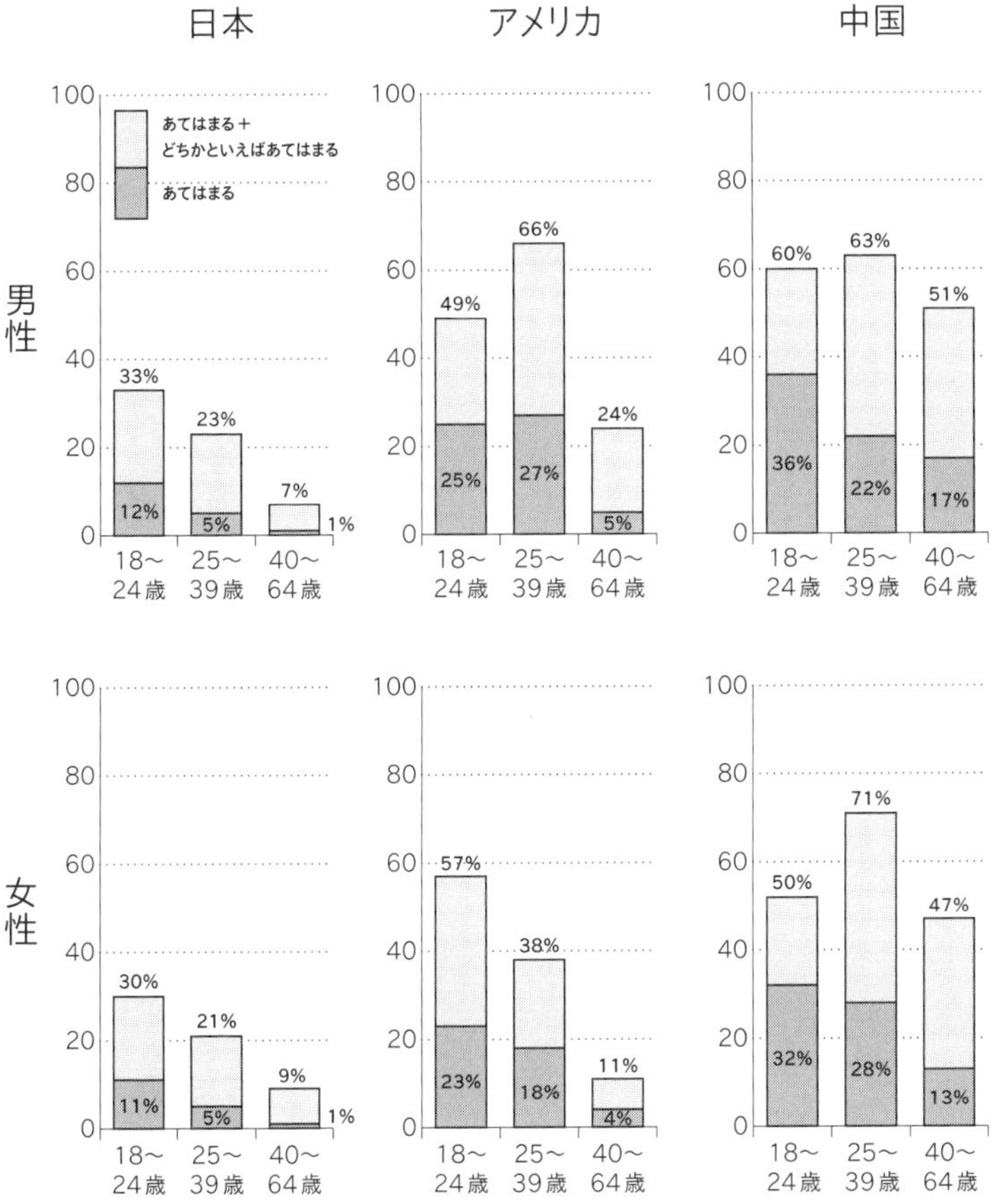

出典：ミレニアル世代の消費行動は「共感できる情報」がカギ　https://www.rad.co.jp/report_list/20180308/
元のインタビュー記事　https://marketeer.jp/jigen_1_third/

SNSの運用なら、中小企業やベンチャー企業、私のように広告予算の少ない個人事業主でもできますよね

そう。SNSのユーザーは右肩上がりだし、ユーザーはSNSを見て購買を決めている。SNSに売上アップの活路があるのは、間違いない

はやくも盛り上がってきた！

でも、ちょっと考えてほしいことがあるんだよね。浅野くん、木下さん、SNSで商品がものすごく売れたという成功事例、聞いたことある？

……

聞いたことない……かも

それはどうしてだろう？

SNSによるユーザーの情報発信が当たり前になっています。いまや、個人もメディアといえる時代です。

しかし、そうなってからかなりの年数が経っているのに、企業のウェブ担当者は、SNSにおけるユーザーの行動を、まったくといっていいほど、とらえられていません。

それはつまり、

・ユーザーはどんなときに、ＳＮＳでモノを買おうとするのか
・ユーザーはどんな情報から、購買の判断をするのか

といった、ユーザー行動を踏まえた情報発信ができていないということです。だから、ＳＮＳでモノが売れるという成功事例がまだほとんどないのです。

では、企業はＳＮＳをどう活用して購買につなげていけばいいのでしょうか。次の章からそれを解説していきます。

１章　まとめ

・ＳＮＳの投稿はリアルな購買に影響を与えている。

・ＳＮＳの利用者数は堅調に伸びている。

・しかし、ＳＮＳ施策での売上アップの成功例はあまり聞かない。

・それは、企業がユーザー行動を踏まえた発信ができていないから。

2

企業はSNSでガンガン宣伝すればいい？

SNSが大事なら、どんどん広告を出したほうがいいですよね？
でも、単に露出が増えるだけで、モノが売れるわけではないよね

どうして成功事例が少ないんでしょう？　SNSを見て購入する人が多いんだったら、SNSで広告を出せばいいんじゃないんですか？

うーん、実は、話はそれほど単純じゃないんだよね。でも、その話をする前に、ウェブにおける主なマーケティング施策について話しておこう。2人はSEO対策とか、リスティング広告って言葉は聞いたことはある？

えーと、SEO対策はある検索ワードを打ち込んだときに、検索サイトの上位に自社のサイトや記事を表示させるような対策をすることですよね

そうそう

リスティング広告は、あるキーワードを検索したユーザーに対して表示される広告のこと……であっていますか？

そのとおり

うちの会社のウェブ広告のメインもやっぱり、リスティング広告みたいです

私も、独立したばかりのときは、「東京×アパレル×接客講師」という検索ワードでリスティング広告を出しました

SEO対策やリスティング広告を否定するわけではないけど、たぶん、これからの

時代、SEO対策やリスティング広告だけで商品を買ってもらうのは難しくなる

え、そうなんですか？

今、2人に話をした「これからの時代、SEO対策やリスティング広告だけではやっていけなくなる理由」は2つあります。

まずひとつめは、**「この商品を買いたい」と思って検索をしてくる層、つまり顕在化している顧客を相手にするだけでは、この少子高齢化の時代、マーケットが広がらない**こと。

そしてもうひとつ。**検索ワードを争うライバルが増えるほど、SEO対策やリスティング広告は難しくなる**こと。

とくに、リスティング広告に関しては、広告を出したい人がどんどん増えているので、ユーザーが広告をクリックしたときに支払うクリック単価がどんどん上がってきています。顧客ひとりを獲得する単価（これをCPA＝Cost Per Action/Acquisition＝顧客獲得単価といいます）が上がれば上がるほど、収益は下がります。この単価上昇傾向はオリンピックまでは確実に続き、その後もおそらく戻らないでしょう。

だから、ＳＥＯ対策やリスティング広告だけではなく、それ以外の方法で顧客にアプローチする手段が必要なのです。

よくわかりました。でも、そういうことなら、なおさらＳＥＯ対策やリスティング広告に頼らず、企業はＳＮＳにどんどん広告を出したほうがいいですよね？　ＳＮＳで買ってほしい商品名の露出や、よい評判を増やしていくことには僕も賛成。

でも、これはＳＮＳに限らずだけど、単に露出が増えるだけで、モノが売れるわけではないよね

……というのは？

じゃあ２人に質問するけれど、今グーグルが認識しているウェブページは、世界中にいったい何ページあると思う？

想像もつかない……

実は、今世の中には１３０兆ページのウェブページがあるといわれているんだよね

えー？　そんなに？

そう。そして、年間検索回数は、１年に２兆回。つまり１時間あたり２億２８００

2020年、情報の99パーセントは届かずに消えていく

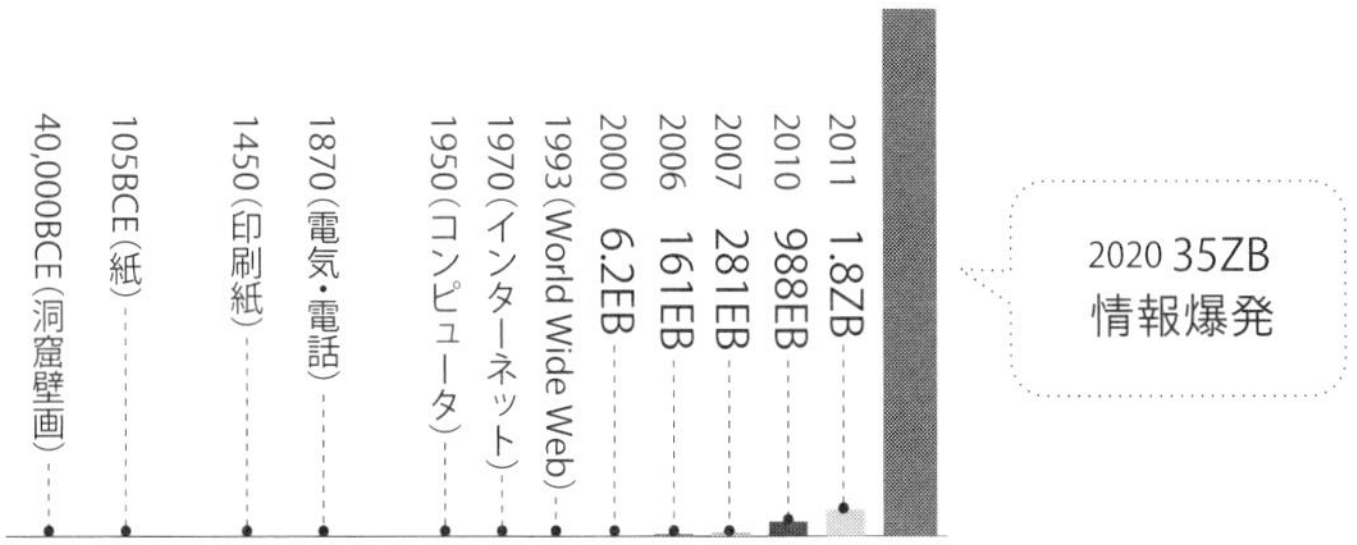
40,000BCE(洞窟壁画)
105BCE(紙)
1450(印刷紙)
1870(電気・電話)
1950(コンピュータ)
1970(インターネット)
1993(World Wide Web)
2000 6.2EB
2006 161EB
2007 281EB
2010 988EB
2011 1.8ZB
2020 35ZB
情報爆発

2020年のデジタルデータ量は約35ZB(ゼタバイト)に達すると予想されている。
現在、YouTubeでは毎分48時間分の動画データがUPされ、Twitterでは1日2億件の呟き、Facebookは毎日75億枚の写真が投稿されている。

出典:IDC, The Digital Universe Decade—Are You Ready?, May 2010.

万件、1分あたり380万件、1秒あたりでも6万3000件検索されているってわけで

ひえっ

天文学的な数字ですね

そうなんだよね。だから、そもそも99パーセントの情報は届けたい相手に届かないと思ったほうがいい。そして、もし運よく届いたとしても、その情報を覚えてもらい購入までつなげるのは、かなりハードルが高い。それはSNS広告でも同じなんだ

「情報の99パーセントが届かない」というのは、決して誇張ではありません。人に

よっては99・99パーセント届かないという人もいるくらいです。前ページの図はマーケティング業界でよく使われるデータですが、2020年にはデジタルデータの量は約35ZB（ゼタバイト＝10の21乗）に到達するといわれています。

この情報爆発の状態を『ファンベース』（ちくま新書）の著者佐藤尚之さんは「情報砂の一粒時代」と名付けています。これは、企業が発信するメッセージをユーザーに届けるのは、世界中の砂浜でたった一粒の砂に出会うほどの奇跡だという意味です。

それくらい、企業が情報をユーザーに届けるのは難しい時代になってきているのです。

さらに、すでにSNSマーケティングを担当してきた人たちは、次のような課題にもぶつかっているのではないでしょうか。

・グーグルのアルゴリズムが変動するたびに施策を変えなくてはならない
・フェイスブックに投稿を表示させるためのエッジランクが頻繁に変動する
・LINE@の配信料金形態の変更による費用増
・よいコンテンツを作っても競合にすぐ真似されてしまう

・アドブロック機能によって、広告が表示されなくなる
・ＩＴＰ（Ａｐｐｌｅのｗｅｂブラウザ「Ｓａｆａｒｉ」に搭載された、サイトトラッキングの抑止機能）への対策……

今後、広告だけに頼って企業の情報を届けるのはますます難しくなっていきます。

では、どうすれば、僕たちのメッセージがユーザーに届くのでしょうか。それは、次の章で考えていきたいと思います。

2章　まとめ

・そもそも、SEO対策やリスティング広告は、悩みや願望が顕在化している顧客にしか届かない。

・リスティング広告の単価は上昇中。

・情報は届きにくくなっているし、たとえ届いても購入してもらえない。

・ウェブ広告を取り巻く状況はますます厳しくなる。

3

じゃあ、企業アカウントで、何をすればいいの？

それほどまでに情報が届かないのに、SNSアカウントで、いったい何をすればいいんだ(涙)
たしかにさっき、「情報の99パーセントは届かない」と話したけど、がっかりしなくても大丈夫。現に2人だって、インターネットの情報を見て、モノを買ったり、どこかに行ったりしたこと、あるでしょ?
あ、そういえば……

それほどまでに情報が届かない時代に、ＳＮＳアカウントで、いったい何をすればいいんだ（涙）

たしかにさっき、「情報の99パーセントは届かない」と話したけど、がっかりしなくても大丈夫。現に2人だって、インターネットの情報を見て、モノを買ったり、どこかに行ったりしたこと、あるでしょ？

あ、そういえば……。私、友だちがインスタグラムで激推ししていたファンデーションを、この間買いましたよ

そういえば、僕も最近、ツイッターでいろんな人が超熱くオススメしている映画を観に行きました

そう、それ。企業の広告ではなく、第三者の口コミなら、買おう、行こうという気持ちになるよね

たしかに……

そこに、ＳＮＳマーケティングのヒントがあるんだ

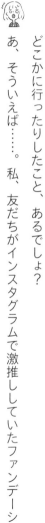

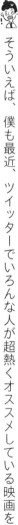

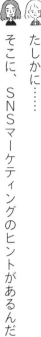

家族や友人、知人からの推薦が一番影響力が強い
(購買決定における影響力順位)

	日本	アメリカ	中国
家族、友人、知人からの推薦	1	1	1
テレビ広告	2	2	4
オンラインレビュー	3	4	5
テレビ番組や映画で話題/使用	4	7	7
再販業者のウェブサイト(Amazon.jpなど)	5	5	13
会社やブランドからの電子メール	6	10	6
メーカーのウェブサイト	7	8	10
新聞広告	8	9	11
雑誌広告	9	5	2
看板・ポスター	10	13	15
オンラインでの仲間内からの推薦	10	3	3
映画館での宣伝広告	12	11	8
ラジオ広告	13	11	12
SNSで配信される広告	13	14	9
SMS /テキストメッセージ広告	15	16	19
携帯アプリ広告	16	16	14
フォローしていない人によるツイート/投稿	16	18	15
フォローしていない会社やブランドによるツイート/投稿	16	19	18
ビデオゲーム広告	19	15	15

出典:デジタルメディア利用実態グローバル調査

前のページの表を見てください。

これは、人がモノを買うときに、何の影響を受けているかを調査した資料になります。どの国でも、家族・友人・知人からの推薦が1位になっているのがわかるでしょう。

これは、若い世代だけの特徴ではなく、50歳以上でもやはり、同じように知り合いの口コミの影響が一番大きくなります。

日本で最近やっと話題になりはじめているオンラインサロンでの仲間からのオススメも、アメリカと中国ではベストスリーに入ってきています。

ここからわかることは、**どれほど情報が届きにくい時代になったとしても、家族や友人、知人の言葉は、ユーザーにちゃんと届く**ということです。

言い換えれば、「企業やメディアが出す情報よりも、友人や家族の口コミのほうが信頼できる」と多くの人が考えている、ということです。とくに、日常的にネットに接しているヘビーユーザーほど、玉石混交の情報の中で、家族や友人、知人のオススメを信頼する傾向にあります。

左のページのデータを見ると、34歳以下の場合、友人や家族の意見だけではなく、**インターネットに投稿されたユーザーの意見も参考にする人も多く、順位でいう**

どの世代でも、友人や家族の意見が1位。
34歳以下ではマスメディアよりも、企業のブランドサイトや、
ネットに投稿された消費者の意見のほうが上位。

34歳以下

1位	友人や家族の意見
2位	企業のブランドサイト
3位	インターネットに投稿された消費者の意見
4位	新聞広告
5位	映画の前の広告

50歳以上

1位	友人や家族の意見
2位	新聞などの編集コンテンツ
3位	新聞広告
4位	TV広告
5位	企業のブランドサイト

出典:Nielsen Global Trust in Advertising Report 2015

と3位となっています。

感覚的にですけれど、この話、よくわかります。私自身も、最近買ったり見たりしたものを振り返ると、ほとんど友達の紹介です

まさに、それ！

ということは……

いい口コミをもらうことが一番大事ってことですね！

そのとおり。そして、企業や組織のしがらみなく、ユーザーが自然と発生させる口コミのことを、UGCといいます

UGC？

UGC（User Generated Contents）は、日本語に訳すならば、「ユーザーが作ったコンテンツ」という感じかな

UGCとは、ユーザーが作ったコンテンツ。つまり、企業が打ち出す広告ではなく、ユーザーが自分の意思で投稿するコンテンツを指します。

ここであえてユーザーの投稿を「コンテンツ」と言ったのには、わけがあります。

今の時代、どんな人でもコンテンツを作ることができます。

コンテンツというのは、なにも莫大なお金をかけて作ったＣＭや体裁の整ったリリースだけを指すわけではありません。むしろ、個人の投稿のほうが、企業広告よりも大きな力を持つときもあります。個人のつぶやき１４０文字も、立派なコンテンツなのです。

この本の「はじめに」で、中小企業や個人であっても、大企業のマーケティングや宣伝に太刀打ちできる時代が来たと言ったのは、そういった意味です。

ＵＧＣとは、ツイッターやインスタグラムやフェイスブックであれば、ユーザーの投稿コメントや写真や動画などを指します。ＬＩＮＥやＹｏｕＴｕｂｅでも同様です。

先ほどのデータで見たように、人は企業が出した広告ではなく、自然発生した口コミ、つまりUGCのほうを、より強く信頼します。**この自然発生する口コミ、UGCこそ、これからの時代のSNSマーケティングの要になります。**

もちろん、SNSでの投稿だけではありません。次のようなものも、すべてUGCです。

・飲食店を探すときに見る食べログのレビュー
・家電を探すときに見る価格．comの商品購入者の声
・本を探すときに見るアマゾンの商品レビュー
・化粧品を探すときに見るアットコスメの投稿
・旅行先の観光地を探すときに見るトリップアドバイザーのレビュー
・転職先を探すときのオープンワークの投稿
・ブログに書かれる商品やサービスについての評判

同じUGCでも、SNSでのUGCは、口コミサイトでのUGC以上に強い力を発揮します。なぜなら、SNSには「シェア」や「リツイート（RT）」といった、「拡散」の装置があるからです。

さて、この先は、UGCがSNSマーケティングで、どれほどの力を発揮するのか、また、UGCを生み出すためには、どんな方法が有効なのかについてお話ししていきます。

3章　まとめ

・情報が届きにくい時代でも、口コミは届く
（家族、友人、知人の口コミはとくに強い）。

・ユーザーから自然発生する口コミのことを、
UGC（User Generated Contents＝
ユーザーが作ったコンテンツ）という。

・同じUGCでも、SNSにおけるUGCは
拡散の可能性があるのでより強い。

4

ＵＧＣは なぜ 大事？

でも……SNSの口コミが増えると、本当に売上に直結するのかな
たしかに、口コミが増えたとしても、実際に購買数や売上が増えたかはわかりにくいよね

たしかに、口コミが大事な時代だから、UGCが重要だということは、なんとなくわかりました。でも……

気になるところがある？

……はい。SNSの口コミが増えると、本当に売上に直結するのかな、という部分が。さっき木下さんが「感覚的にわかる気がする」と言いましたけれど、実際に会社で取り組むとなると、ちゃんと費用対効果が合うのかなという気がして

今、浅野くんが言ったことは、実はとても重要な気づきなんだよね。たしかに、口コミが増えたからといって、実際に購買数が増えたか、売上に直結しているかというのはわかりにくいよね。だから、リスティング広告のほうが優秀だと思ってしまったりする

はい。費用対効果がわからないと、上司も説得できないなと思って

実は口コミ数と売上に相関関係があることは、データでわかっているんだ

え、そうなんですか

次のページのグラフを見てみよう。口コミ（UGC）が伸びると、どんなことが起こるかというと、まず指名検索が増えるんだよね

バズは短期的なアテンションで終わる。
一方、UGCが積み重なれば、アテンションは増え続ける

ある美容メーカーの商品トレンド(売上)

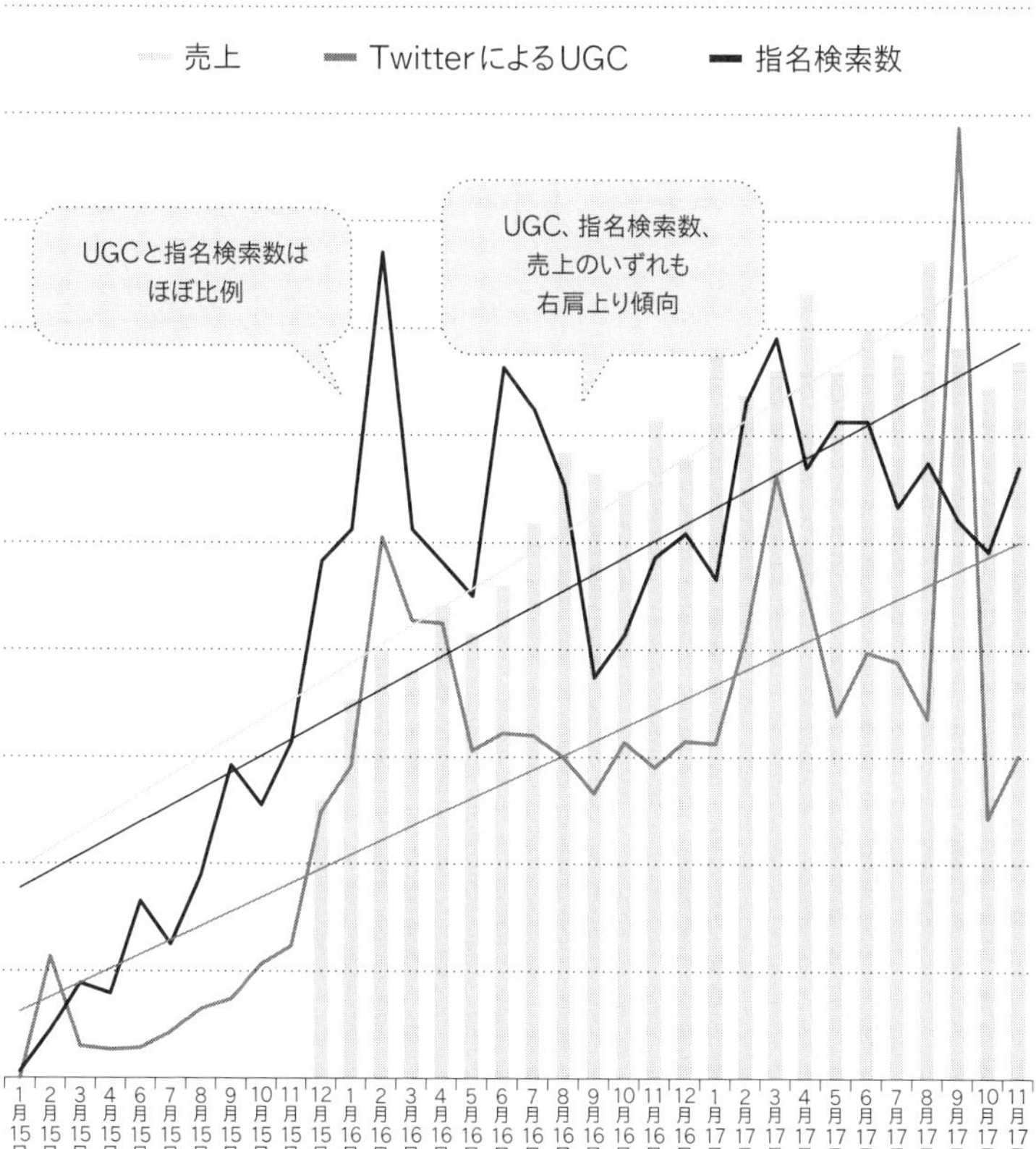

※Googleトレンドおよび日経POSのデータより作成

指名検索というのは？

企業名や商材名など固有名詞での検索のこと。木下さんは、さっき友人のオススメしていたファンデーションを買ったと言っていたけれど、友人の投稿を見たあと、何かやったことはある？

そのファンデーションの名前を検索して、ブランドサイトを見ました

それが、指名検索

なるほど！　私がやったのがまさに、UGCを見て指名検索したという行動なんですね

そう。そして、指名検索が増えると、売上が伸びる。なぜかわかる？

指名検索が増えると売上に直結します。

たとえば「接客講師　木下奈美」という指名検索で情報を調べている人と、「接客講師　東京　アパレル」という一般ワードで調べている人がいるとします。どちらが実際の仕事につながりやすいかというと、圧倒的に前者になりますよね。**指名検索が増えるということは、それだけ売上に近いユーザーが増えるということ。**マーケティング用

語でいうと、コンバージョン率（成約率）が高くなるということです。

口コミが商品名やブランド名の検索数に影響を与えるという考え方は、まだまだ浸透していませんが大切な概念です。（ただし、テレビで紹介されたというような場合は、口コミと検索行動の両方に影響する場合もあるので、データを分析する際にはそのことも念頭に置く必要があります）

さらにいうと、**指名検索はリスティング広告による入札の競り合いに巻き込まれない**のもいいところです。

UGCがどれだけ重要か、わかるかと思います。

なるほど！　この資料があれば、会社で上司を説得できそうです

UGCのよいところは、指名検索が増えて、結果的に売上が上がるだけではないよ。
ここで、UGCの特徴を整理しておこう

UGCには3つの特徴があります。

ひとつは、**情報の信頼性が高いこと。**先ほど言ったように、情報量が爆発している現代では、そもそも情報自体が見てもらえなくなっています。でも、自然発生した口コミ（つまりUGC）は、3章で紹介したデータのように、この情報爆発時代にもユーザーに届きます。これがUGCのひとつめの特徴です。

ふたつめは、**行動転換（態度変容）が起こりやすいこと。**誰だって、広告で商品を勧められるより、友達に勧められたほうが行動を変えやすいですよね。ただ認知されるだけではなく、その後のユーザー行動、購買行動まで動かすことができるのも、特徴のひとつです。

そして最後に、**UGCにはシェアされやすいという特徴があります。**これは、ちょっと考えてみればわかると思いますが、企業の宣伝に貢献したくてSNSをやっている人はいません。企業の宣伝よりも、UGCのほうが、ユーザーの共感を生みやすいし、シェアされやすいのです。

これが、僕が**SNSマーケティングの鍵はUGCである**と考える理由です。

次章からは、UGCの増やし方について考えていきましょう。

4章　まとめ

・UGCが増えると指名検索が増える。

・指名検索が増えると、コンバージョン率（成約率）が高まり、売上が上がる。

・UGCは情報の信頼性が高く、ユーザーに届きやすい。

・UGCはユーザーの行動転換を起こしやすい。

・UGCは、企業広告よりもシェアされやすい。

5

最終ゴールはフォロワーを増やすこと？

SNSのマーケティングって、広告を出すことと、フォロワーを増やすことだとばかり思っていました
フォロワーを増やせばいいというのは、半分合っていて、半分間違っているんだよね

UGCか……。私、これまでSNSのマーケティングって、広告を出すことと、フォロワーを増やすことだとばかり思っていました

僕もそう。会社でも、フォロワー獲得目標数値がありましたよ。会社のSNSの中の人になったら、とにかくフォロワーを増やす方法を考えればいいんだと思っていました

フォロワーを増やせばいいというのは、半分合っていて、半分間違っているんだよね

え、そうなんですか

じゃあ、UGCをどうやって増やせばいいかについて説明する前に、その話をしようか

お願いします

では、ひとつ質問をするよ。浅野くんは、何のためにフォロワーを増やしたいの？

それはもちろん、自分の会社の商品情報をたくさんの人に知ってもらって、買ってもらいたいからです

では、もうひとつ質問。浅野くんは、1万フォロワーいる企業アカウントと、10

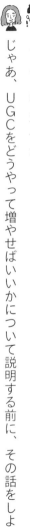

0フォロワーの企業アカウントはどっちがいいと思う？

え？　そりゃあ、1万フォロワーいるアカウントのほうがいいに決まっていますよね

うん、そうだよね。ではもし、100人のフォロワーが、浅野くんのツイートをリツイートして拡散してくれた結果、1万人のユーザーに浅野くんのツイートが届くのだとしたら、どっちがいい？

？？？

浅野くんがフォロワーを増やしたい理由は、自分の会社の商品情報をたくさんの人に知って買ってもらうためだよね。じゃあ、ユーザーが自分でその情報を拡散してくれるなら、浅野くんがフォロワーを増やす必要はあるだろうか？

あ！！

！！！！

企業でSNS運用を任されている人の話を聞いていると、追いかけるべきKPI（Key Performance Indicator＝重要業績評価指標）が、フォロワー数になっていることがほとんどです。また、個人事業主の方と話をしていても、SNS運用の最終目標は、フォロワーを増やすことだと言ったりします。

けれども、**フォロワーを増やすことは手段であって、目的ではありません。**「何のためにフォロワーが必要なのか？」を考えずに、やみくもにフォロワーを集めても意味がないのです。

では、みなさんは何のためにフォロワーを増やすのでしょうか。

先ほど、浅野くんが話してくれたように、「自社の商品やサービスを知って、それを購入してくれる人を増やすため」が、最終ゴールであるケースがほとんどだと思います（もちろん、企業イメージをよくするため、ブランディングのためというケースもあるでしょうが、それもやはり、最終的には商品やサービスの購入につなげるためといえるでしょう）。

だとしたら、フォロワーが多い／少ないだけをKPIにするのはナンセンスです。

どれだけユーザーに情報が届くか（これをインプレッションといいます）、さらには、その

1万人に届ける方法はひとつではない

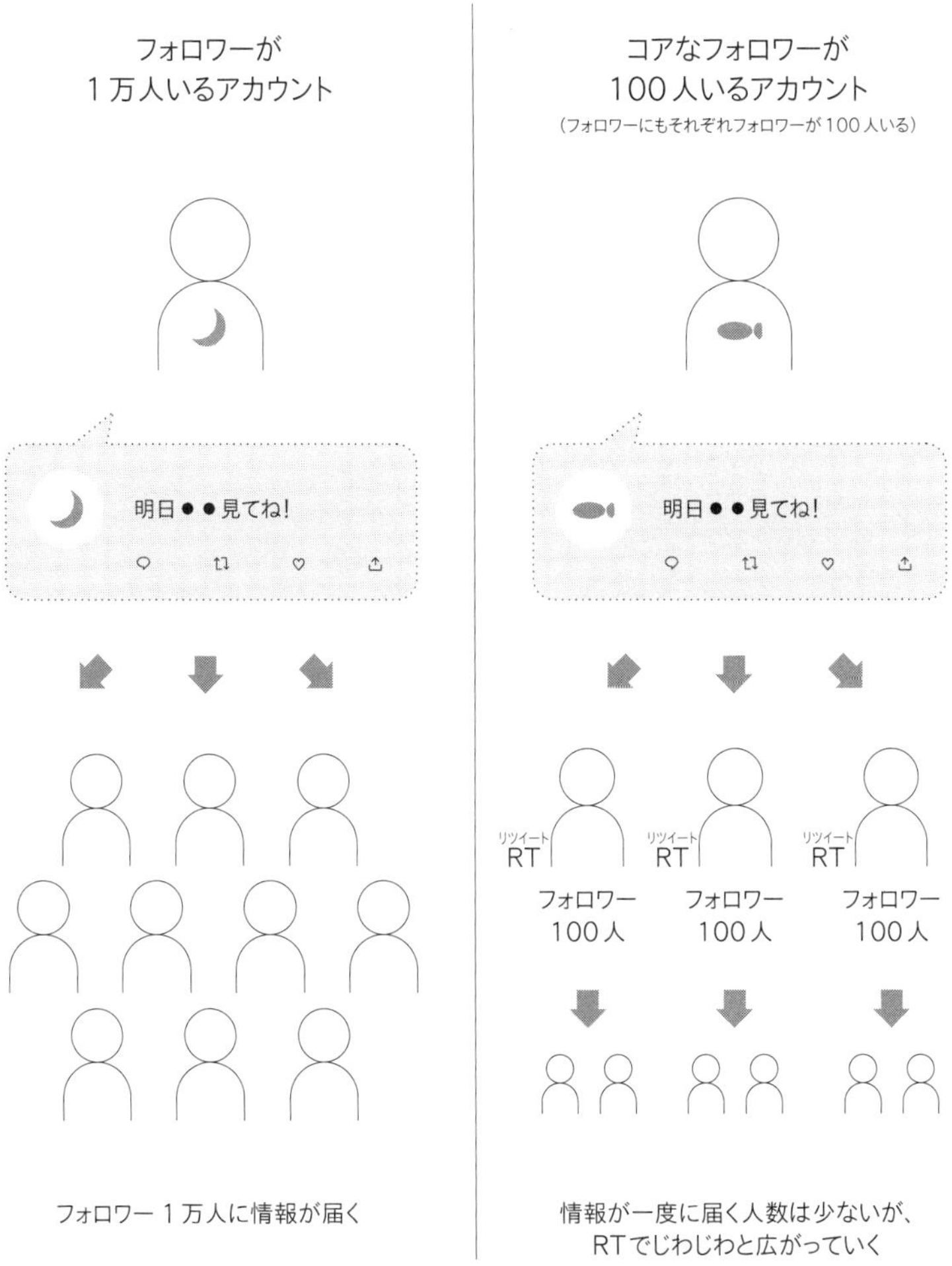
フォロワーが
1万人いるアカウント
明日●●見てね!
フォロワー1万人に情報が届く
コアなフォロワーが
100人いるアカウント
(フォロワーにもそれぞれフォロワーが100人いる)
明日●●見てね!
RT《リツイート》
RT《リツイート》
RT《リツイート》
フォロワー
100人
フォロワー
100人
フォロワー
100人
情報が一度に届く人数は少ないが、
RTでじわじわと広がっていく

インプレッションがどれくらい購入につながっているか（これをコンバージョンといいます）までをあわせて考えるべきです。

もちろん、SNSアカウントのフォロワーが多ければそれだけインプレッションが上がるので、フォロワーを増やそうとすることは間違っていません。ただ、やみくもに数を集めても、あなたが拡散してほしい情報に興味を持ってもらえなければ意味がありません。

フォロワーを増やすだけではなく、フォロワーの質を考える必要があります。

具体的には、あなたに代わってコンテンツを拡散してくれるコアなフォロワーを獲得すること、そして先ほど説明したUGCを増やすことがSNSでは大事なのです。

そっか！　じゃあ、「アカウントフォローをしてくれたら、抽選でプレゼント」みたいな広告キャンペーンでフォロワーを増やすだけじゃダメなんですね

もちろん、キャンペーンは広告として一定の効果があると思うけれど、そういう一時的に獲得したフォロワーは、その先も浅野くんや木下さんが伝えたい情報を受け取ったりシェアしたりしてくれる可能性は小さいよね

たしかに……

情報伝播の変化

これまでの情報伝播　　SNS時代の情報伝播

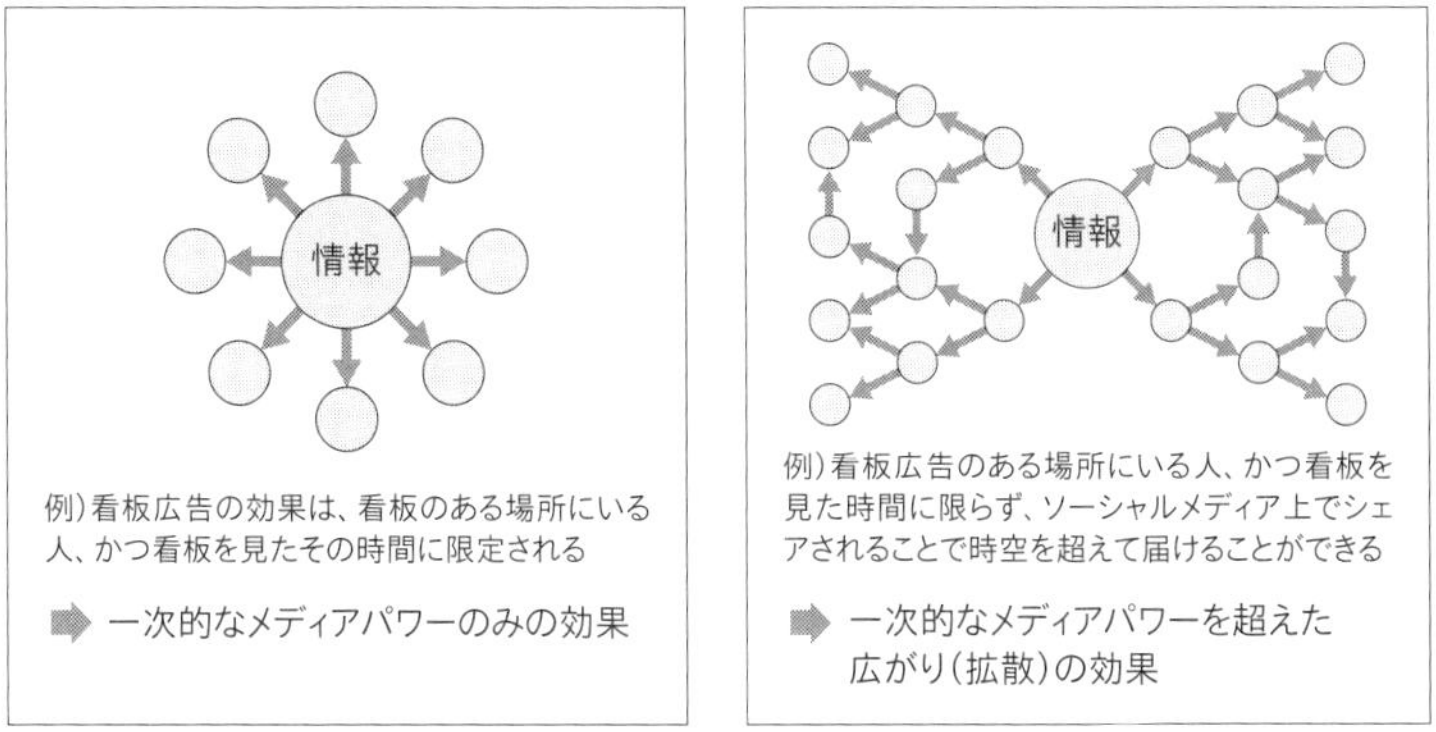
情報
例）看板広告の効果は、看板のある場所にいる人、かつ看板を見たその時間に限定される
一次的なメディアパワーのみの効果
情報
例）看板広告のある場所にいる人、かつ看板を見た時間に限らず、ソーシャルメディア上でシェアされることで時空を超えて届けることができる
一次的なメディアパワーを超えた広がり（拡散）の効果

それに、そういうキャンペーンに使うアカウントは、普段使っていない捨てアカも多かったりするし

ただ「数」を集めればいいというわけではないことが、よくわかりました

そう。これは、上の図の情報伝播の変化を見てもらえばわかると思う

ＳＮＳが発達するまでは、情報（ここには、広告も含みます）は、「商品やサービスを売りたい企業」を中心にして一方的にユーザーに届けられていました。けれども、ＳＮＳ時代になると、情報は企業から発信されたあとも、さまざまなユーザーを介して時間差で、さらに別のユーザーに伝わっていきます。

そして、ここからがさらに大事なことなんだけど……、そもそもSNSマーケティングとは、自社アカウントの運営だけを指すわけじゃないこともわかるかな

SNSマーケティングは、自社アカウントの運営だけじゃない……

あ！　ひょっとして、自分たちから発信することを考えるだけではいけない……ということですか？

そう。その理由はもうわかるよね

UGC！

正解！

5章　まとめ

・SNSでは、企業アカウントのフォロワーの数だけではなく、質も重要になる。

・コアなファンがいれば、情報は伝播しやすくなる。

6

なぜ
アカウント運用
だけじゃ
ダメなのか

情報がどのように
広がっていくかがわかれば、
ＳＮＳマーケティングで
何が大事なのかが
見えてくるよね
なるほど！
だから、
「自社アカウントを
運用する」という
考え方だけでは
ダメなんですね

SNSマーケティングとは、
「アカウントを運用すること」と考えると……

よくある考えだと

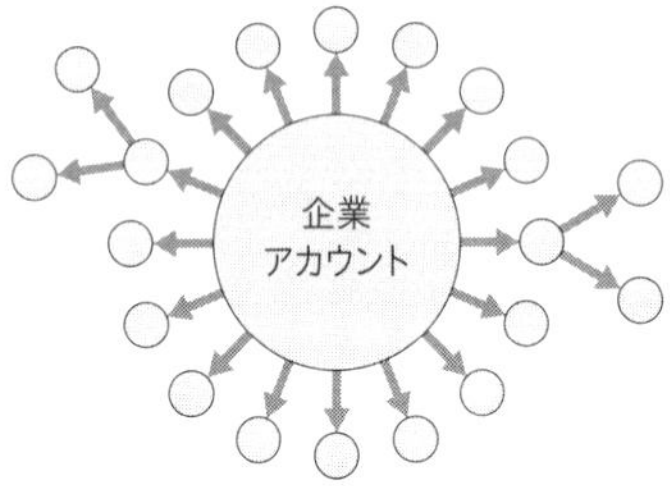

企業アカウント発信の投稿のインプレッション数に重きを置いてしまう
企業アカウントのフォロワー数に重きを置いてしまう
➡「1：nの発想」

「SNSのアカウントを運用する」という考え方は、上の図のようなイメージです。つまり、企業が情報を発信して、それがフォロワーに伝わっていくという考え方です。

こうなると、情報を発信するのは企業だけなので、先ほどお話ししたように、自社のアカウントのフォロワー数が重要だという結論になりがちです。

でも、**SNS時代の情報の伝播は、このような「1：nの発想」ではありません。**なぜなら、SNS時代は、ユーザー全員がコンテンツの作り手になりうるからです。

SNSマーケティングとは、「UGCを作り広げること」だと考えると……

UGCによる情報伝播

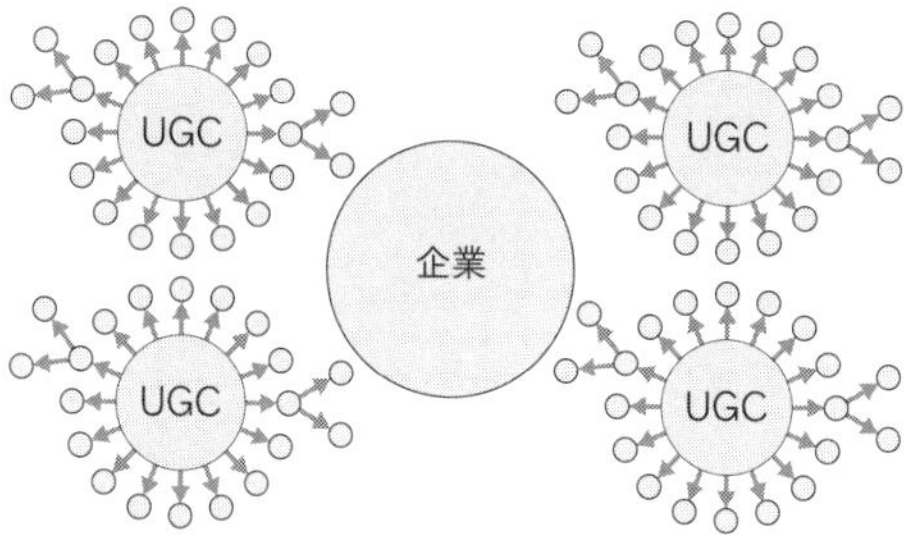

企業発信せずとも、自然発生的に情報が伝播していく
それを企業が活用（RT）することで、UGCが拡散され、最大化される

上の図を見てください。

UGCによる情報伝播は、このようなイメージです。

企業だけが情報の発信者になるわけではなく、さまざまな場所でUGCが生まれます。SNSマーケティングでは、この自然発生したUGCをさらに大きく広げていくことが大事になります。

言い換えれば、SNSを利用している**8000万人もの〝パーソナルメディア〟にどう取り上げてもらうか、どう広げてもらうかを考えるのが、UGCを起点にしたSNSマーケティング**なのです。

情報がどのように広がっていくかがわかれば、ＳＮＳマーケティングで何が大事なのかが見えてくるよね

なるほど！　だから、「自社アカウントを運用する」という考え方だけではダメなんですね

自分たちが発信するだけじゃなくて、ＵＧＣを発生させたり、広げることまでが、ＳＮＳマーケティングでやらなきゃいけないことなのか……

だんだん、わかってきたね！

ＵＧＣを増やしたり広げたりするためには、大きく分けて、次の2つの方法が考えられます。

①ＵＧＣが生まれやすい企画を考える
②生まれたＵＧＣを効果的に広げる

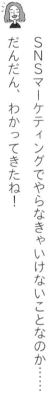

①の、UGCが生まれやすい企画って、どんな企画なのか、いまいちイメージできないんですが……

うーん、そうだねえ。浅野くんと木下さんは、2018の年末、PayPayの話題でツイッターが持ちきりになったのは覚えている？

あ、100億円あげちゃうキャンペーンですよね

僕もあれ、参加しました

私もです

あのキャンペーンって、誰から知りました？

たしか友人のツイッターの投稿でした

僕も、最初は誰だったかわからないけれど、というか誰だかわからないくらい、一斉にあのキャンペーンについてタイムラインが盛り上がり出した気がします

そうだよね。あのとき、僕のタイムラインもPayPay一色だったんだけれど、PayPayの公式アカウントを見た記憶は全然ないんだよね

たしかに……

そう、だから、あのキャンペーンはUGCが次々と発生したことであそこまで話題になったといえるんだ

なるほど！

あれがまさに、UGCが自然と生まれる企画といえるんじゃないかな

思わずつぶやきたくなる企画ということですよね

100億円の予算は桁違いだけれど、その考え方は、予算規模が違っても参考になるはずだよ

たしかに、僕自身も、PayPayで300円あたったとき「残念！ 300円しかあたらなかった！」とツイートしました

それを見た浅野くんのフォロワーたちで、まだPayPayを知らなかった人は「え？ 300円あたって残念って、どういう意味だろう？」って気になるよね

僕、知らないうちにUGCを作って、企業のキャンペーンを宣伝していたんですね

しかも、タダで

なるほど。UGCおそるべし

飯髙さん、ひょっとしてインスタ映えを狙った企画もUGCが生まれやすい企画と

UGCが増えると、アテンションが広がり、購買ファネルの入り口が大きくなる

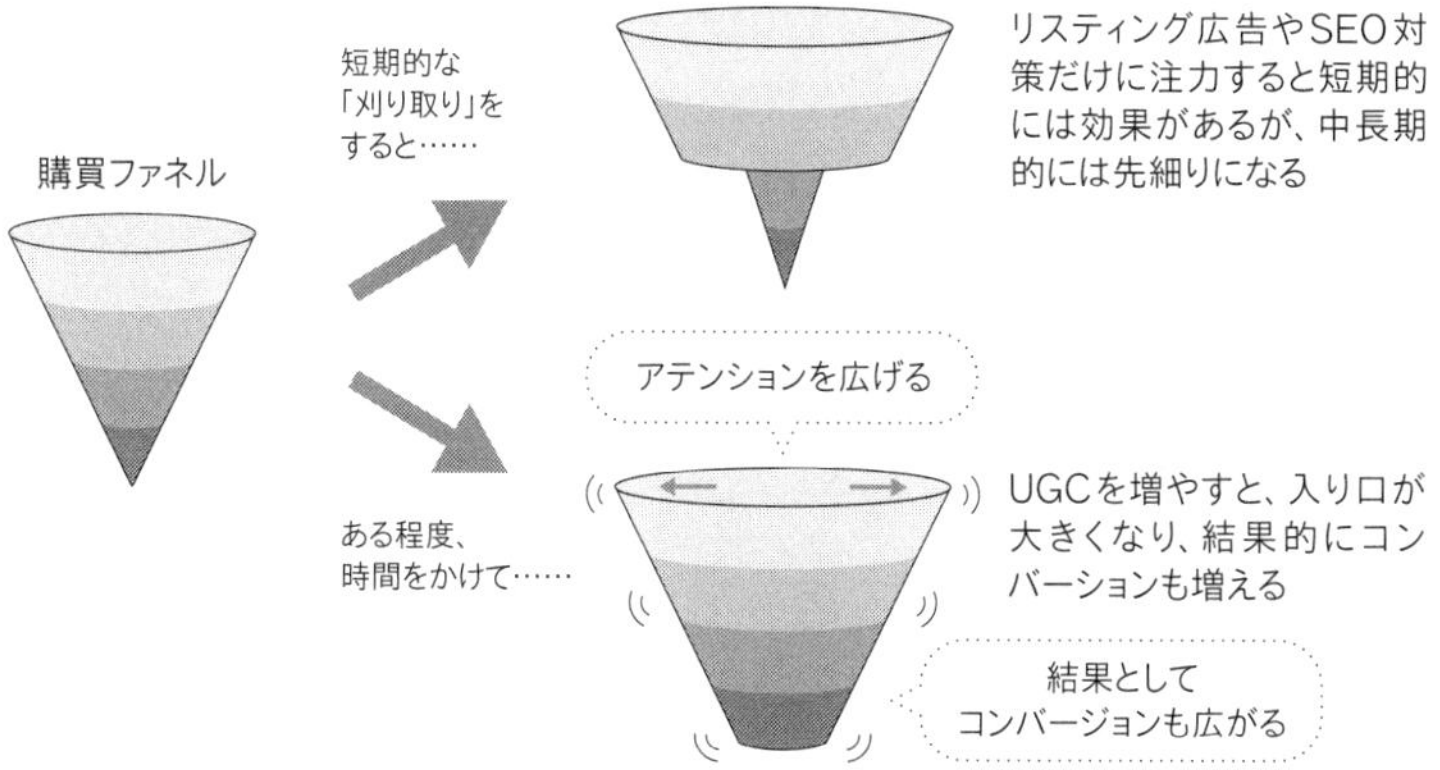
購買ファネル
短期的な
「刈り取り」を
すると……
リスティング広告やSEO対策だけに注力すると短期的には効果があるが、中長期的には先細りになる
アテンションを広げる
ある程度、
時間をかけて……
UGCを増やすと、入り口が大きくなり、結果的にコンバージョンも増える
結果として
コンバージョンも広がる

言えますか？

お！　木下さん、するどい。そのとおりです

PayPayのキャンペーンも、インスタ映えする商品やスポットを紹介することも、「UGCの発生を増やす」と考えれば、わかりやすくなります。

このUGCの発生が増えると、どのようなことが起こるのでしょうか。

これを、マーケティング業界で「購買ファネル（じょうご）」と呼ばれる模式図を使って説明します。

このじょうごの一番上の「アテンション（認知）」とは、顧客が商品やサービスを知る

状態のことを指します。このアテンションを増やすことは、じょうごの入り口を大きくすることになります。じょうごの入り口が大きくなればなるほど、最終的に「コンバージョン（獲得できる購買やユーザー数）」も増えるので、アテンションを増やすことは重要です。

ところが、リスティング広告やSEO対策だけに力を入れると、このアテンションが増えないので、じょうごの入り口は広くなりません。

え？　どうしてですか？　広告を出せば、アテンションは増えますよね？

ここは、いろんな人が勘違いしている部分なので、少し丁寧に説明したいんだけれど……。たとえば浅野くんが、スポーツジムに入会したいと思ったら、どうする？

うーん。グーグルで「スポーツジム　安い」と検索すると思います

だよね。そこで、たとえば「ABCジム」という名前のジムのホームページが出てきたとして、それをクリックするとするよね

はい

その場合、たしかにABCジムは浅野くんにアテンション（認知）されるかもしれない。でも、その場合、それ以外のジムは一切認知されないよね

あ！　なるほど

気づいた？

アテンションにつなげるためには、その前に「検索」をしてもらう必要があるんですね！

そのとおり。リスティング広告やＳＥＯ対策で、検索後のアテンションを増やすことはできるかもしれない。でも、これっていっときはいいけれど、検索してくれるかどうかは、完全にユーザーの行動に頼りきっているんだ

そうか！　そもそも僕が、ジムに通いたいと思わなければ、検索はしないわけで……

そう。そこを、企業は見落としがちなんだよね。本来、企業は、ユーザー行動（検索数）を増やすような種まきをして、アテンションを増やさなくてはいけないんだけれど、それはリスティング広告やＳＥＯ対策ではできない

よくわかりました

一方で、ＵＧＣを増やすことができれば、アテンションが増え、じょうごの入り口の人

数が増えます。また自然発生した口コミは、広告で商品を認知した見込み顧客よりも購買につながりやすいのは、前に説明したとおりです。

つまり、**UGCが増えれば増えるほど、アテンションが増え、じょうごの入り口が大きくなり、コンバージョンも上がる**というわけです。

6章　まとめ

・SNS時代の情報伝播は、
企業だけが発信者になるわけではない。

・UGCを生み出すというのは、
「8000万人のパーソナルメディアで
取り上げてもらうこと」と考える。

・企業のSNSマーケティングは、アカウント運用
だけではなく、UGCを発生させやすい仕組みと、
それを広げる仕組みまで考える必要がある。

・UGCが増えれば、アテンションが増え、
コンバージョンも上がる。

7

つまり
バズらせれば
いいと
いうこと？

今、アテンションを増やすという話がありましたよね
うん
それって、要はバズらせるってことですか？
あ、それすごくいい質問！半分合っていて、半分間違っています

飯高さん、ひとつ質問です。今、アテンションを増やすことが大事と言っていましたよね

うん

それって、要はどれだけコンテンツをバズらせるってことですか？

あ、それすごくいい質問！

僕も聞きたかったんです。企業のＳＮＳ担当って結局のところ、どれだけ自社製品に関わるコンテンツをバズらせるかが、腕の見せどころだって言われたことがあります

そうそう。それも実は、半分正解で、半分間違っています

？？？

？？？

というのも、一過性のバズだけでは、購入にはつながりにくいんだよね

ＵＧＣがユーザーの購買に大きな影響を与えるのですから、バズが生まれて口コミが拡散されること自体は歓迎すべきことです。

その意味では、「企業のSNS担当者は、どれだけコンテンツをバズらせるかが勝負」というのも、ある意味正しいといえます。

ただ、多くの人が、**「バズとは、瞬間的に大きく拡散すること」と考えているところに問題があります。**

これまで何度もお話ししてきましたが、この情報爆発時代、バズとはいえ一度きりのものであればユーザーの目に留まる可能性は低いし、仮に目に留まったとしても、記憶に残りにくいからです。そして何より、バズは、毎回狙って作れるとは限りません。だから再現性も低いといえます。

これはマーケティングの分野ではよくいわれることですが、ある商品の見込み客は、その商品の情報に触れれば触れるほど、その商品を購入する確率が上がるそうです。これは、接触回数が多い対象には好意を抱きやすい「単純接触効果」が働くからだといわれています。また、それだけではなく、商品情報にくり返し触れることで、商品に対する理解も深まるので、購買につながりやすくなります。

商品の情報に触れる機会が増えると、前に説明した「指名検索」にもつながります。さまざまな接点でその商品に触れると、「牛丼といえば吉野家」というように、第一に想起されるようになり、指名で検索されやすくなります。

だから、次々と新しいバズを生み出して、ユーザーに何度もその商品を見せることができれば、購買率は上がるかもしれません。

でも、**バズを生む企画やコンテンツを次々と生み出し続けることは、現実的ではないですよね。**

広告予算を投入して、コンテンツの露出を増やすことはできるかもしれませんが、いくらマス広告よりは安いネット広告とはいえ、それを継続してできるのは大企業くらい。中小企業、ましてや個人事業主では、そんなことはなかなかできません。

企業単体の施策によるバズでアテンションを増やし続けることは、物理的に難しい。だから、企業はリスティング広告をかけて、検索キーワードを競争して入札します。でも、キーワードに対するユーザーのアテンションの数は、基本的にはそう大きく変わらないため、限られたパイの奪い合いとなります。

一方、先ほど説明したＵＧＣでアテンションを増やす方法は、次ページの図のように、

バズは短期的なアテンションで終わる
一方、UGCが積み重なれば、アテンションは増え続ける

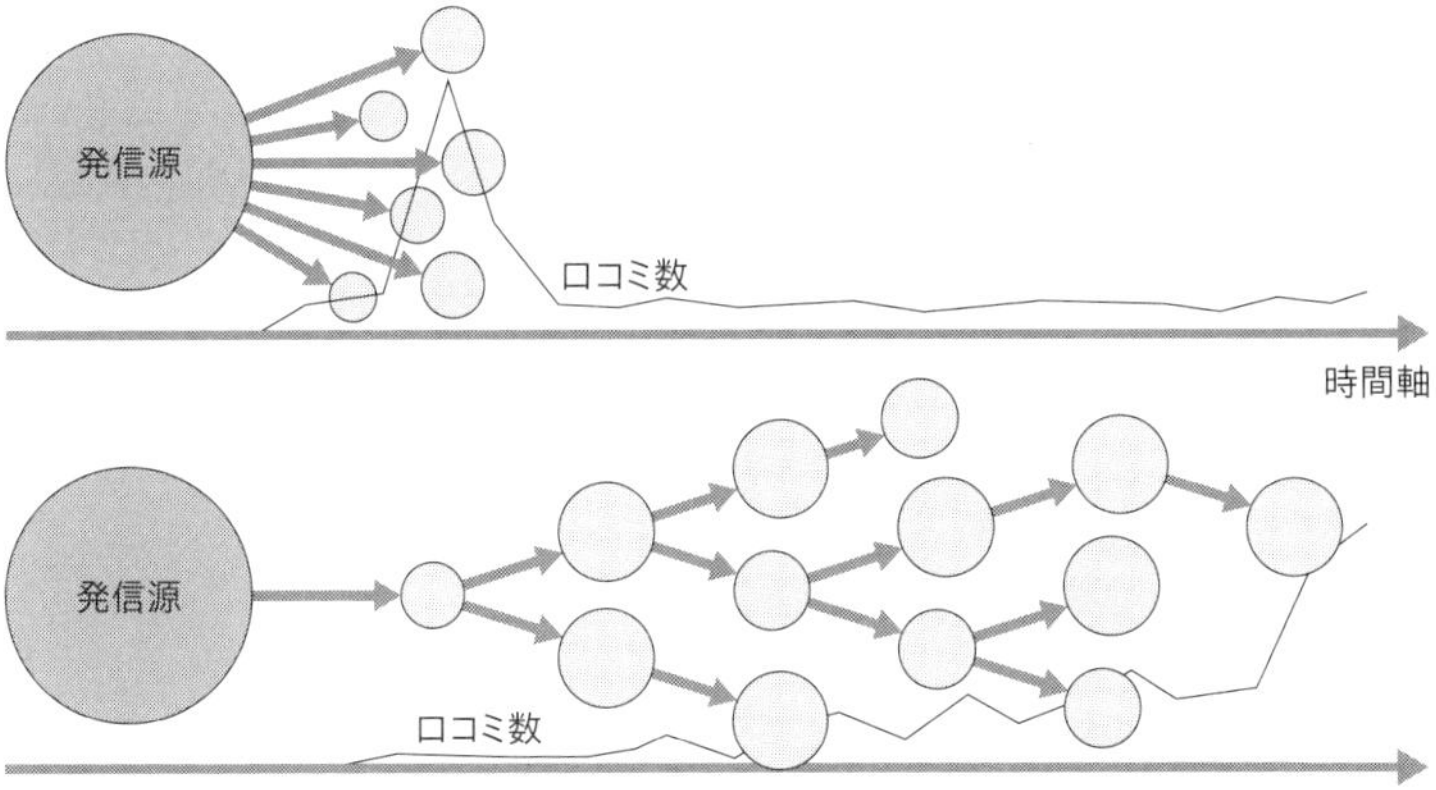

一過性で瞬間的なバズではなく、「この商品がよかった」とか「あのサービスをまた使いたい」といった口コミがどんどん発生して、それが蓄積されていくイメージです。

もちろん、そのUGCの中に時折バズが生まれるのは大歓迎なんだけれど、企業サイドのコンテンツだけでアテンションを増やすという意味じゃないんだ

すごくよくわかりました。アテンションを増やす＝バズではなくて、UGCが積み重なるように発生している状況で、どんどんアテンションが増えていくのが理想というわけですね

そのとおり！

次々とバズる企画を実施しなくてもいいんですね

もちろん！

それを聞いて安心しました！

7章　まとめ

・企業が仕掛けるバズだけでアテンションを増やし続けるのは難しい。

・しかしUGCが積み重なれば、アテンションは増える。

・アテンションが増えれば、購買まで進む層も結果的に多くなる。

8

SNSで売上を出しやすい商品、出しにくい商品

どうやって
UGCを増やして、
どうやって
売上につなげれば
いいのでしょうか？
私のような
サービス業でも、
考え方は一緒ですか？
そのあたりを
聞きたいです
？
チェック表を
作ったので、
見てくれるかな

飯髙さん、僕、もうすぐにでもSNSマーケティングをスタートしたい気持ちなんですが、どうやってUGCを増やして、売上につなげればいいですか？　具体的な話を聞きたいです

私もです！　UGCを増やすという考え方は、私のようなサービス業でも、考え方は一緒ですか？　そのあたりを聞きたいです

うん、そうだね。ここからはSNSで広告を使わずに売上を増やしていくために、何をすればよいかを考えていこう。まず、ここでは主にツイッターでのSNSマーケティングについて話をします

ツイッターですか。私、これからはインスタグラムの時代なのかなって、ちょっと思っていました

もちろん、インスタグラムもいいのだけど、僕はUGCを活用したSNSマーケティングにもっとも向いているのは、ツイッターだと思っているので、最初にツイッターを例にとって話を進めるね

ツイッターは、グローバルで見るとフェイスブックやWeChatなどと比べて「イケ

Twitterは、UGCを活用したアテンションの獲得に向いている

LINEに次ぐユーザー数を誇り、拡散性に優れている

	ユーザー数	拡散性	データ活用
LINE	8,000万人	×	×
	4,500万人	○	○
	3,300万人	△	△
	2,800万人	△	△

2019年6月現在

てない」と思われることもありますが、日本では順調にユーザーを増やしています。

たしかに木下さんが言ったように、最近はインスタグラムがフェイスブックのユーザー数を抜いて３３００万ユーザーを突破したことが話題になりました。

けれども、ツイッターは月間アクティブユーザーが４５００万人を超えているのです。実は日本ではＬＩＮＥに次ぐユーザー数を誇っています。

ツイッターは、そのツイートに魅力があれば、たとえフォロワーが少なくても、写真がイケてなくても、リツイートされ広く拡散されます。この点が、ユーザーからの自然発生的なコンテンツ、ＵＧＣを軸に据えたＳＮＳ

マーケティングとの相性がいいのです。

もちろん、ユーザー数が圧倒的に多いＬＩＮＥのマーケティングは別途考える必要がありますが、ＬＩＮＥはクローズドコミュニケーションなので拡散性があまりなく、ＵＧＣを軸にした戦略を考えるのには向きません。また、ＬＩＮＥはデータがまったく取れません。データが取れないと、マーケティング戦略を立てるのも難しくなるので、やはりＵＧＣの活用は難しいといえるでしょう。

ＳＮＳの中でも、ツイッターがＵＧＣを活用しやすいことは、よくわかりました。では、まずは何から取り組めばいいでしょうか

何から取り組めばいいかは、今現在、その商品やサービスについてすでにＵＧＣが生まれているかどうかによって変わってくる。それを知るために、チェック表を作ったので、見てくれるかな

ツイッターで売上をアップできるかどうか、つまりツイッターで拡散を生み出せるかどうかは、次の３つのパターンに分けられます。

Twitterで売上アップが見込めるか、3つのチェックポイント

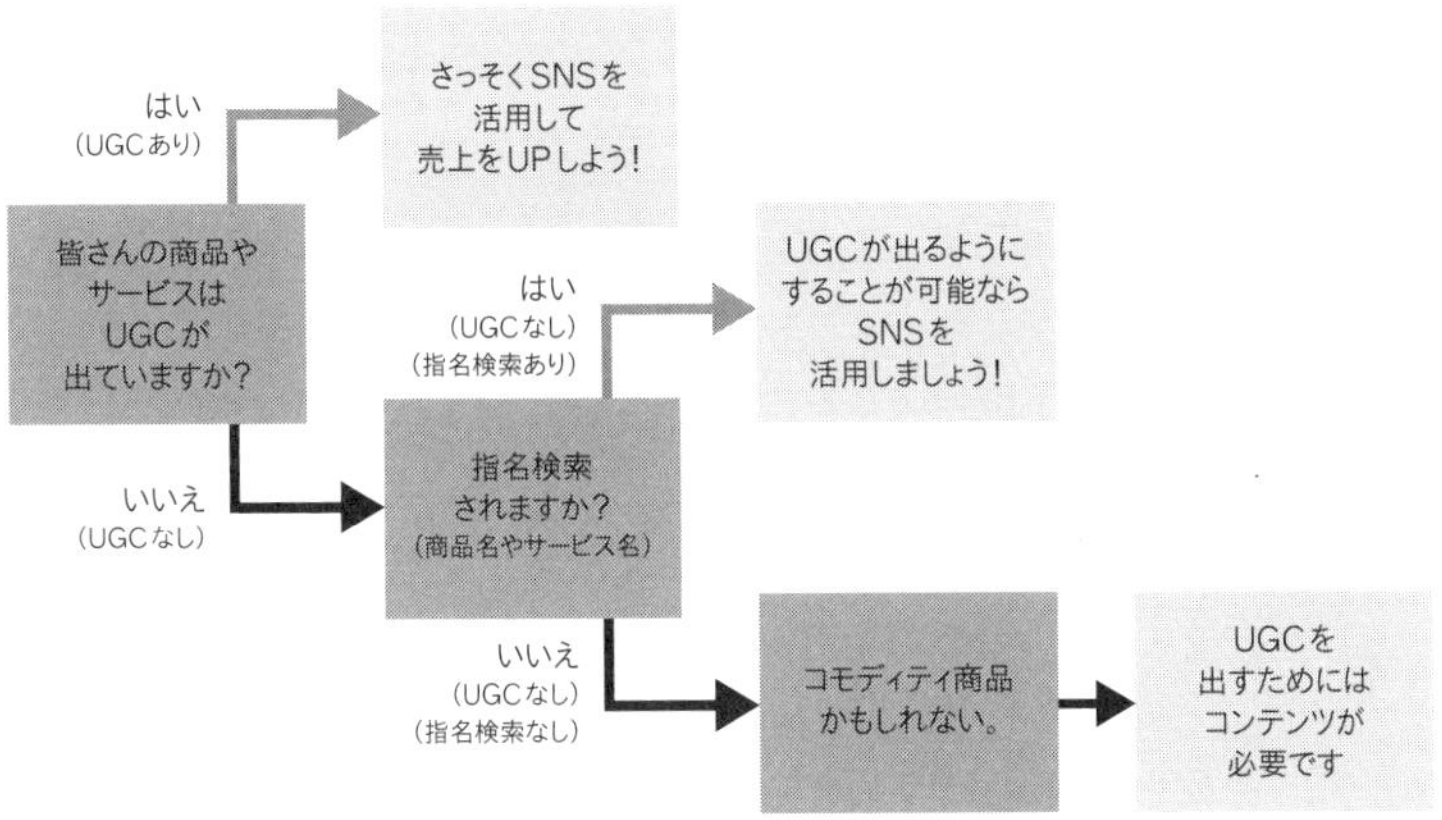

①ＵＧＣあり＋指名検索あり
②ＵＧＣなし＋指名検索あり
③ＵＧＣなし＋指名検索なし

①のようにすでにＵＧＣが発生しているなら、指名検索も行われているはずです。さっそくツイッターを活用して売上アップを狙いましょう。

この場合は、**今のＵＧＣをより増やすためのアカウント運用と、ＵＧＣをうまく活用する方法**について考えることになります。

②は、ＵＧＣはないけれど、指名検索はあ

状況別、企業のSNS施策の方針

	UGC	指名検索	方針	施策の方向性
①	○	○	さっそくSNSを活用して売上をUPしよう!	・更なるUGC創出のためのアカウント運用 ・UGC活用
②	×	○	UGCを出るようにすることが可能ならSNSを活用しよう	・シェアされる経営 ・シェアされるアカウント運用
③	×	×	UGCを促すためにはコンテンツが必要	・コンテンツ制作

る状態です。このケースは、UGCを増やすきっかけを作ることが重要になります。**こういう場合は口コミされやすいコンテンツを作る必要があります。**つまり、コンテンツマーケティングが必要になります。

あとから詳しく説明しますが、たとえば、ウェブメディアやオウンドメディアの記事、動画、キャンペーン企画など、商品やサービスに関連するコンテンツを投稿して、UGCを増やしていきましょう。

この②に当てはまりやすいのは、BtoBの商材やサービスでしょうか。BtoBの場合、SNSには口コミが発生しにくい側面があります。こういう場合もコンテンツマーケティングによって、UGCを生み出す必要が

あります。（コンテンツマーケティングに関しては、第2部で詳しくお話しします）

③は口コミ、指名検索ともにない場合です。これは、①②に比べると、SNSでの売上アップのハードルが上がります。

ここで注意しなくてはならないのが、扱う商品の種類です。**UGCが出にくい商品に、コモディティ商品があります。**コモディティ商品とは、誰もが利用する安価な日用品など、品質での差別化が困難な製品やサービスのことを指します。たとえば、ゴミ袋や乾電池などは、コモディティ商品といえるでしょう。こういった商品は、なかなか口コミを獲得することが難しいですし、低価格のため、ユーザーも、わざわざ「評判を見比べて選ぼう」と思わないため、UGCを起点にしたマーケティングでは、売上アップをはかるのが難しいといえます。

また、**コンプレックス商品も、なかなかUGCが生まれにくい**です。

たとえば「このかつら、最高！」といった口コミが出にくいのは、わかると思います。

ただし、コンプレックス商材は、情報を求めている人たちは切実です。ですから、うまく

UGCが出やすい商品と、出にくい商品

UGCが出やすい
・人に推奨しやすい（お菓子、飲料、映画）
・自己表現として投稿されやすい（アパレル、コスメ）
・商品が手に取れる

UGCが出にくい
・コモディティ商品かつ情緒的価値が薄い（乾電池、ゴミ袋）
・コンプレックス商品（かつらなど）
・購入される個数が極めて少ない（キャンピングカー）

コンテンツを作ることができれば、拡散はされなくても、売上につなげることは可能です。

あくまでも一般的な傾向なので、実際のデータを見ないとわかりませんが、UGCが生まれやすい商品、生まれにくい商品も参考にしてください。

2人がこれから広めたい商品やサービスは、どのカテゴリーに当てはまるかな？

ちゃんとデータをとってみなくては断言できませんが、僕が扱う商品に関しては、たぶん、①だと思います

超いまさらだけど、浅野くんって、どんな仕事してるんだっけ？

うちは、オーダーメイドの家具を扱っているメーカーなんですよ

ＢｔｏＢの商品なのかな？

今まではデザイナーズマンションの建て付け家具などを小ロットから受注するＢｔｏＢがメインだったのですが、最近は個人宅からの依頼も受け付けているんですよ。僕がＳＮＳ担当になったのも、そういった個人向けの需要を増やしたいという会社の思惑があるんです

なるほど。ということは、さっきの表でいうと、すでにＵＧＣがあって、指名検索もある①の状態だね。オーダーメイドという特徴もあるから、口コミも発生しやすそうだし、ＳＮＳマーケティングには向いてそうだね

僕も、話を聞いていてそんな気がしました

木下さんはどうだろう。接客講師をしているということだったけれど

アパレルのショップ店員の人たちや、美容院やネイルサロンのスタッフさんをメインに接客指導しています。昨年独立したばかりなので、今のクライアントは前の会社時代にお世話になったところが多いです。これから、新規開拓したいのですが

……

講師ということは、木下さんを指名するのは企業になるのかな？

そうですね。先ほどの話でいうと、ＢｔｏＢのサービスになりますね。実は東京だけとは限らなくて、地方出張して新しいショッピングビルに入るテナントに接客指導に行くこともよくあります

ＵＧＣはどうだろう

正直なところ、今はほとんどないです。ただ、私がやった講習の評判を聞いて指名で検索してくれる人はぱらぱらいる、という感じです

木下さんの場合は、②といえそうですね。この場合は、木下さんが作るコンテンツを増やしていって、それが拡散されるようにする方法がいい気がします。つまり、コンテンツマーケティングとＳＮＳマーケティングの組み合わせですね（コンテンツマーケティングについては、第2部で詳しくお話しします）

個人事業主や小規模経営のサービス業であっても、木下さんのように、全国に顧客候補がいる場合は、ツイッターによるＳＮＳマーケティングの効果が見込めます。

けれども、地元に1軒しかないクリーニング屋さんや、ひとりでやっているネイリスト

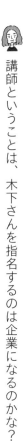

さんなどは、公式アカウントを運用してのツイッター利用は向きません。たとえＵＧＣが生まれて全国に拡散されても、その土地に来なければ受けられないサービスだと顧客候補にならないからです。

　こういう場合は、友人から始まる個人アカウントのフォロワーを少しずつ育て、自分が活動する地域に近いフォロワーの間にＵＧＣが生まれるようにするのがよいでしょう。あとで説明しますが、ツイッターユーザーのほとんどは、プライベートな関係性のフォロー／フォロワーで成立しています。ですから、地域が限定されるサービス業は、個人アカウントを運用するのがよいのです。

　また、③の場合は、ＳＮＳマーケティングで成果を出すのは時間がかかります。この場合は、ＵＧＣにつながるコンテンツを作ることからスタートしましょう。コンテンツの作り方は、第2部で詳しく話します。

それぞれ、届けたい相手は違うけれど、僕たち2人とも、ＳＮＳでマーケティングしてよさそうということですよね

そうだね。では、まず浅野くんのケースを例に、UGCを増やす方法について考えてみよう！

はい。よろしくお願いします

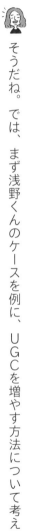

8章　まとめ

・ＳＮＳの中でもＵＧＣを軸にしたマーケティングがしやすいのは、ツイッター。

・ツイッターで売上をアップできるかどうかは、ＵＧＣがあるかどうか、指名検索があるかどうかで判断できる。

・ＵＧＣが発生している場合は、早速ＳＮＳを活用して売上につなげよう。

・ＵＧＣが発生していない場合は、ＵＧＣを出す工夫が必要。

・コモディティ化した商品は、ＵＧＣが発生しにくい。

9

SNS時代の購買はULSSASになる

SNS時代の購買プロセスを、僕たちは「ULSSAS（ウルサス）」と名付けているんだよね
ULSSAS?
ULSSASというのは、UGC→Like→Search1→Search2→Action→Spreadを指す造語のことなんだ

SNS時代の購買プロセスを、僕たちは「ULSSAS」と名付けているんだ

ULSSAS?

ULSSASというのは、UGC（ユーザーが作ったコンテンツ＝口コミ）↓Like（いいね）↓Search1（SNSで検索）↓Search2（ヤフー、グーグルなどで検索）↓Action（行動・購買）↓Spread（拡散）を指す造語。SNS時代に、どのように情報が伝播するかを追いかけた結果生まれた概念なんだ

この購買プロセスの特徴は、まずUGCが起点になっていることです。

ここまで何度もお話ししましたが、情報爆発時代には、自然発生的な口コミが一番大きな力を持ちます。この口コミを、購買サイクルのトップに置いていることがポイントです。

商品を買ったり、サービスを受けたりしたユーザーが「この商品（サービス）、すごくいい！」とつぶやいたとします。

このUGCが、すべてのスタートになります。個人がそれぞれメディアを持っているという考え方です。（もしもここでUGCが生まれなければ、企業がコンテンツを作って投入することになります）

SNS時代の購買プロセス(ULSSAS)

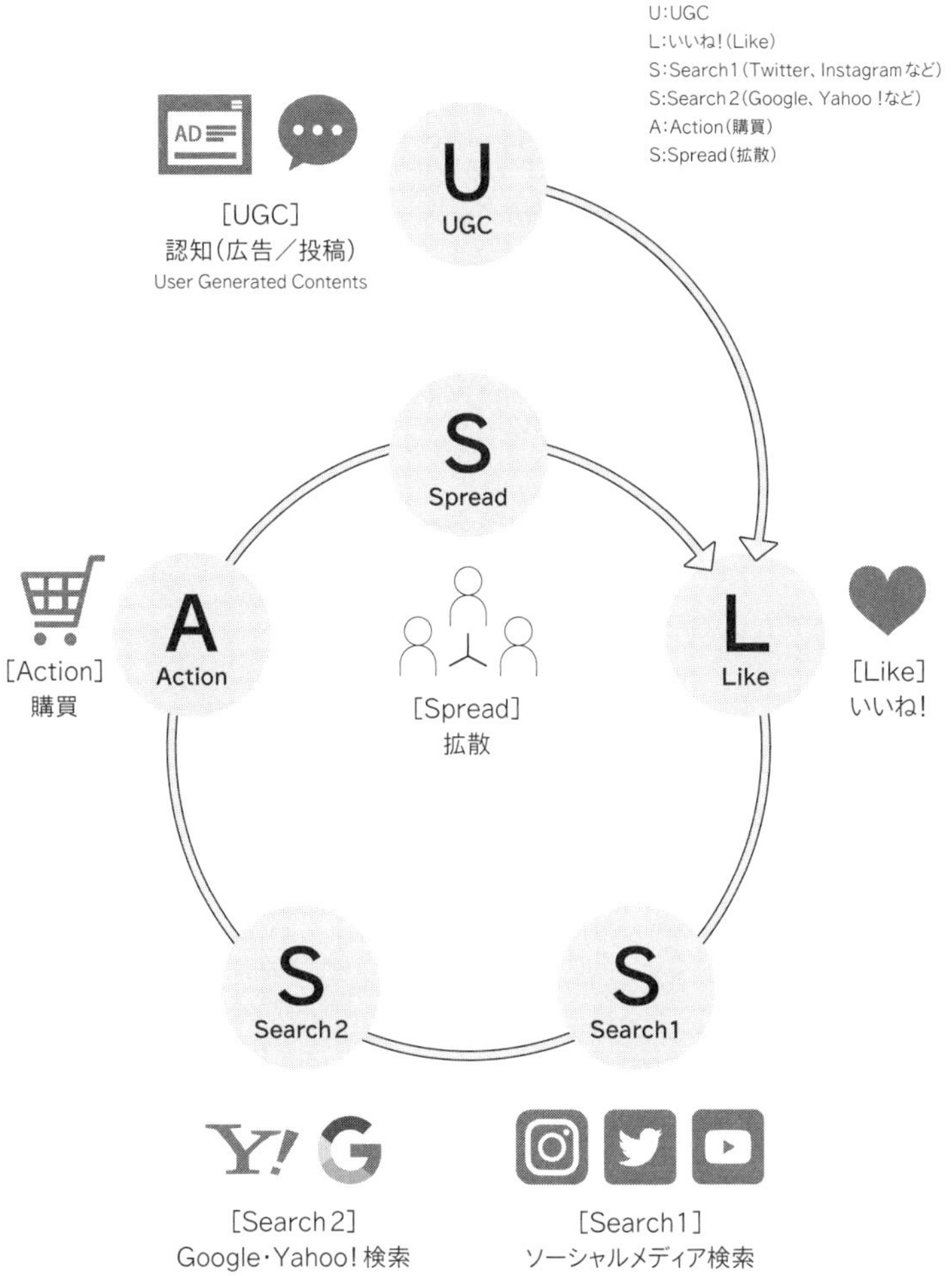

次の段階がLike。友達やツイートを見た人が共感して「いいね！」や「リツイート」をします。

そして、「いいね！」をした人の中には（共感した人の中には）、商品やサービスについてSNSやグーグル、ヤフーを使って、商品名やサービス名で検索（Search）を始める人もいます。

このSearchを、**SNSでの検索と、グーグル、ヤフーなどの検索エンジンでの検索の2つに分けたのもポイント**です。

実は、SNSサービスの利用目的は、もともとSNSがリリースされたころの主な利用目的だった「友人、知人とつながること」だけではなく、情報収集の場になってきています。

検索エンジンだけではなく、**SNSで検索をするユーザーはどんどん増えています。**

ツイッターやインスタグラムなど、SNSで検索されるのは、商品名や位置情報などの

SNSを情報収集目的で使う人の割合

(%)

	Twitter (888)	Facebook (793)	Instagram (643)
好きな芸能人・著名人の投稿チェック	35.4	12.2	**42.1**
趣味に関する情報収集	**41.2**	21.0	30.0
話題・ネタに関する情報収集	**36.6**	18.1	19.7
行きたいところ、食べたいものに関する情報収集	16.1	13.5	**17.9**
流行に関する情報収集	**19.2**	7.6	17.7
仕事・勉強に役立つ情報収集	**11.1**	9.1	4.4

出典:インテージ自主企画調査　ベース:各SNSサービス利用者
標本サイズは()内に記載

情報や、その商品やサービスに対する評判や意見など。イメージとしては、「リアルな声をのぞく」ために検索をするといった感じです。

一方で、グーグル、ヤフーなどでの検索は、公式サイトにたどり着いたり、知識を検索したり、詳細な情報を検索する場合に使われます。お店なら予約をする場合もありますし、商品ならECサイトで購入することもありますよね。イメージ的には、司書や先生に尋ねる感じでしょうか。

UGCで口コミが生まれ、それに共感したユーザーは、まずSNSでその商品やサービス名を指名検索します。(Search1)

そこで公式アカウントの様子を見たり、商品の評判をチェックしたりしたユーザーは、その後、グーグルやヤフーで、さらに詳細な情報を確認します。（Search2）。これが、2段階のSearch（検索）になります。

検索をしたユーザーのうち何人かが商品を買うと、これがAction（購買）になります。

そして購買するというActionが生まれ、その人たちが「この商品よかった！」とSpread（拡散）すると、さらに新しいUGCが生まれます。このUGCがまた「いいね！」されていくことで、ULSSASのサイクルが自動的に回っていきます。

ちなみに、最後のSを、Share（シェア）ではなく、Spread（拡散）としたのは、最近は「どうぞ見てくださいね」という情報提供というよりは、最初から拡散を目指した「承認欲求をのせた投稿」の意味合いが強いからで、これもまた最近のユーザーの特徴的な行動となっています。

なるほど。UGCが生まれたら、ULSSASのサイクルが回りはじめるというこ

とですね

うーん、私はまだちょっとＵＬＳＳＡＳの購買サイクルが、うまくイメージできないのですが……

たとえば、木下さんが友達の投稿で、ものすごく美味しそうなカニを見て、「いいね！」をつけたとするじゃない

はい

まずは、その友達のつけたハッシュタグやお店の位置情報で店名を特定するよね。そのあと、口コミを見たり、予約をしたりするために、グーグル、ヤフーを調べるんじゃないかな

たしかに

それで、実際にそのお店に行ったら、友達と同じように、そのカニを撮影してアップするんじゃないかな。ここで木下さんのユーザー行動はいったん終わるけれど、この投稿こそが、次のＵＧＣとして、木下さんをフォローしている人たちに届く

なるほど。たしかに最近の自分の行動を振り返っても、同じようなことをしてるなと思いました

もし、このＵＬＳＳＡＳの循環を意識的に作ることができれば、費用対効果の高い施策となるでしょう。

たとえば、「この商品は最高だよ！」と、口コミを発生させたユーザーに１００人のフォロワーがいたとします。

もし仮に、フォロワーのうちの何人かがこのＵＧＣをリツイート（拡散）したとしたら……。そして、さらにそのフォロワーの何人かがリツイートしたとしたら……。

ＵＧＣから生まれた流れが、無限に連鎖して、ユーザーに届いていく可能性もあるのです。

ユーザーのコンテンツによって、このＵＬＳＳＡＳサイクルがうまく回っていくとしたら、それは企業にとって大きな資産になることがわかるでしょうか。

これまで検索に対するマーケティング手法は数々いわれてきましたし、ある程度方法論も確立したと思います。

でも、**ＳＮＳマーケティングの手法は、まだほとんど提唱されていませんし、効果検証もされていません。**今後、ＳＮＳマーケティングは、ＵＬＳＳＡＳがスタンダードとして定着するのではないかと考えています。

今、ULSSASをうまく回しているのって、どんな例があるでしょうか

そうだなあ。UGCを生成する企業ということだと、さすがにスナップマート（https://snapmart.jp/）は上手だなあと思うよ

スナップマートって、自分が撮影した写真を企業が買い取ってくれるサービスですよね

そうそう。写真を出品した人は、自分の写真を企業に買ってもらったら「スナップマートで写真が売れました」とツイートするよね。まずここでUGCが発生します。そしてそれを見たユーザーは、自分も写真を撮って出品してアップしようと思うかもしれない。ここでもUGCが発生する

そもそも、UGCが発生しやすいモデルなんですね

そうなんだよね。そして、このUGCを見た企業がSNSや検索エンジンでスナップマートを調べ、写真を買うようになれば購買につながるでしょ

これが2つのSとAですね

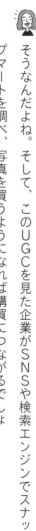

このケースでは、購入した企業自体がスナップマートのことをつぶやいたり、拡散するわけではないかもしれないけれど、その写真が広告に使われたりしたら、その写真を売ったユーザーは、「これ、自分が撮影した写真なんだ！」と、拡散する可能性が高いよね。ここで、拡散のSが起こる

そうか。写真を買う企業が増えれば増えるほど、ULSSASのサイクルが回り続けるのか

そこまでくると、自動的にULSSASのサイクルが回っていくわけですね

そうだね。この例でもわかるように、SNSマーケティングで企業がやるべきことは、UGCがより拡散されるようにSNSを運用することになるね

では、このULSSASのサイクルをより効果的に回すためには、何に気をつければいいでしょうか。

それはひとえに、UGCを増やすことに尽きます。

すでに、お話ししたことのくり返しになりますが、UGCを増やしたり広げたりするた

めには、

① UGCが生まれやすい企画を考える

② 生まれたUGCを効果的に広げる

の2つの方法があります。

次の章では、このULSSASのサイクルを回すために、企業がすべきことについてお話しします。

9章　まとめ

・ＳＮＳ時代の購買プロセスはＵＬＳＳＡＳになる。

・ＵＬＳＳＡＳが回転しはじめると、自動的にそのサイクルが回っていく可能性がある。

・企業がすべきことは、起点となるＵＧＣを生み出すことと、効果的に広げること。

10

ULSSASを回すポイント①

スモール・ストロング・タイの法則

浅野くんがツイッターの公式アカウントを運用しはじめたら、どんなアカウントにフォロワーになってもらいたい？
……インフルエンサー、とか？
いわゆる、フォロワーが多いという意味のインフルエンサーなら不正解。でも、〝企業にとってのインフルエンサー〟という意味なら、大正解
企業にとってのインフルエンサー……？

さっき話したULSSASだけど、このサイクルを回すポイントは2つあるんだよね

聞きたいです

ひとつめは、フォロワーの質を変えること。つまり、質の高いフォロワーを確保すること

質の高いフォロワーって、どんなフォロワーですか？

ちょっと想像してみて。2人は、どんなフォロワーがいたら、UGCが増えると思う？

……インフルエンサー、とか？

おー。インフルエンサー！　これがいわゆる、芸能人やその道のプロとかのフォロワーが多いインフルエンサーという意味なら、不正解。でも、〝企業にとってのインフルエンサー〟という意味なら、大正解

企業にとってのインフルエンサー……？

そう。じゃあ、ここでひとつ、浅野くんに質問。浅野くんが、ツイッターの公式アカウントを運用しはじめたら、次のページの図のどのアカウントにフォロワーにな

集めるべきフォロワーは？

どのアカウントにフォロワーになってもらいたいですか？

①	300 フォロー	10,000 フォロワー	3,000 ツイート
②	2,000 フォロー	350 フォロワー	10,000 ツイート
③	30 フォロー	50 フォロワー	50,000 ツイート

ってもらいたい？

①は、フォローしている人数よりもフォロワーが多いアカウント。②は、フォロワーよりもフォローが多いアカウント。そして、③はフォローもフォロワーも少ないけれど、ツイートが多いアカウント。さあ、企業アカウントが集めるべきフォロワーは、どのアカウントでしょう？

えっと、①はフォロワーが1万人もいるので、いわゆるインフルエンサーに近い、拡散力のある人ですよね

そうだね。インフルエンサーの定義はいろいろだけど、有名芸能人のように何十万人もフォロワーがいる人は稀だ

から、この場合インフルエンサー（もしくはマイクロインフルエンサー）と呼んでいいと思う

でも、さっきの飯髙さんの口ぶりだと、①は不正解ってことですよね。どうしてだろう。フォロワーが多いほうが、情報がいろんな人に伝わるんじゃないかと思うんだけど……

フォロワーが多い、いわゆるインフルエンサーは、浅野くんの会社の商品のＵＧＣを増やしてくれる人だろうか？

……あ！

気づいた？

飯髙さん、先ほど〝企業にとってのインフルエンサー〟と言いましたよね？

お、いい線きたー

企業にとってのインフルエンサーとは……。つまり、うちの商品のＵＧＣを増やしてくれる人だ！

ということは？

ひょっとして……

「どのアカウントが企業にとってのインフルエンサーか」

浅野くんへの質問に答えるためには、まずツイッターのユーザー同士が、どんな関係でつながっているSNSなのかを知る必要があります。

SNSには、

①プライベートグラフで使われやすいSNS
②ソーシャルグラフで使われやすいSNS
③インタレストグラフで使われやすいSNS

があります。

①のプライベートグラフというのは、LINEのような、家族やごく親しい友人などのプライベートなつながり。

②のソーシャルグラフは、フェイスブックなど、学校や職場、サークルなどの人間関係のようなつながり。

そして、③のインタレストグラフは趣味や興味でつながる関係です。ツイッターは一見、興味関心でつながるインタレストグラフのアカウントが多いと思われがちですが、実際には、フォロー30人、フォロワー30人のような、プライベートグラフでつながっているアカウントが圧倒的に多いのが特徴です。

次に多いのがソーシャルグラフ。ツイッターのユーザーの9割が、だいたいこのどちらかに分類されます。

だいたい、フォローしている人数が150人くらいまでであればプライベートグラフとして利用していて、500人くらいまでであればソーシャルグラフとして利用しているという目安になります。これは、ご自身のプライベートな友人の人数、仕事相手の人数を想像するとイメージしやすいと思います。

フォロワーの数のほうに目を向けてみましょう。フォロワーが300人以上いる人は、わずか10パーセント程度。芸能人などが典型的ですが、300人以上のフォロワーがいるユーザーは、リアルな場で面識のない人にフォローされていると考えられます。つまり、趣味や興味関心（インタレストグラフ）でフォローされている人たちです。

Twitterは、どんなふうに使われている？

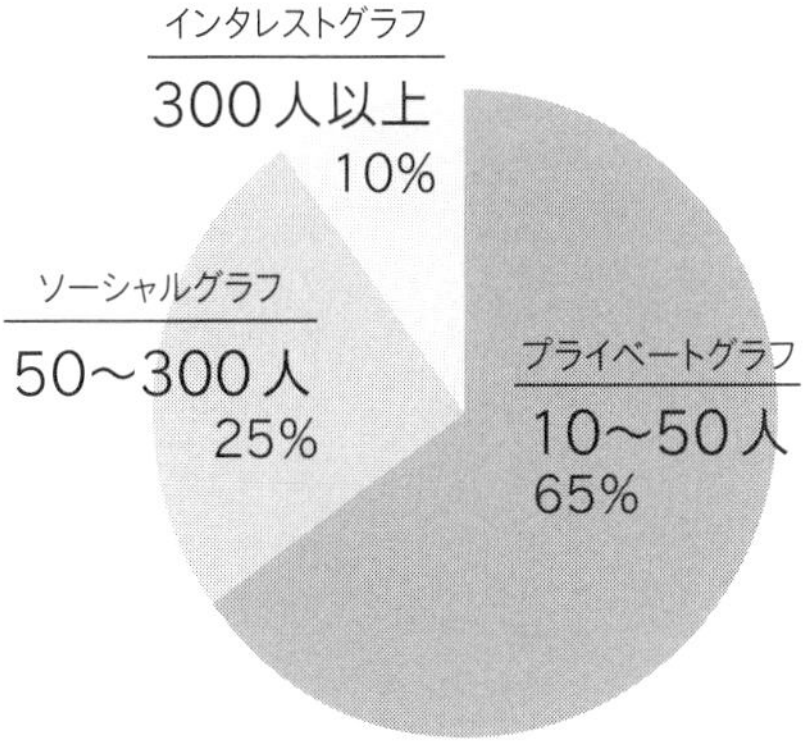

Twitter利用ユーザーが抱えるフォロワー人数は、

90%がプライベートグラフ・ソーシャルグラフ

では、今度は木下さんに質問です。木下さんは、友達からLINEにメッセージがきたとき、既読スルーしますか

まず、しないですね

ですよね。それは、LINEをプライベートグラフで使っているからです。ほとんどのメンバーが、家族や仲のよい友人だとしたら、基本的には、返事をしますよね。これは、主にプライベートグラフで利用されているツイッターでも同様なんです。仲のいい友人同士で使っているとしたら、「いいね！」や「リツイート」が多くなるはずですよね

ツイッターが、ほぼプライベートグラフで使われていることを裏付けるもうひとつの資料を紹介しましょう。

左の表は、ツイッターのユーザーがどんな人にメンション（コメント）を送っているかを分析したものです。

北海道の人は北海道の人に、岩手県の人は岩手県の人にコメントを送っている回数が一番多いことがわかります。

都道府県をまたいだとしても、隣の県、近隣の県が上位にくることが顕著ですよね。

このデータが示す事実は、ツイッターは物理的に近い距離の人同士がつながっている。

つまり、プライベートグラフやソーシャルグラフでつながっている人が圧倒的に多いということです。

多くの人は、ツイッターでの大きな拡散やバズは、インフルエンサーによって生まれていると思っています。 1万リツイートされたツイートには、必ずインフルエンサーがからんでいると思っているかもしれません。

Twitterのコミュニケーションの多くは、プライベートグラフ

Twitter上の地域間コミュニケーション

分析結果：相互メンションネットワーク

北海道

ランキング	都道府県
1位	北海道
2位	青森
3位	秋田
4位	宮城
5位	福井

岩手県

ランキング	都道府県
1位	岩手
2位	青森
3位	秋田
4位	宮城
5位	山形

東京都

ランキング	都道府県
1位	東京
2位	埼玉
3位	神奈川
4位	千葉
5位	山梨

福井県

ランキング	都道府県
1位	福井
2位	石川
3位	富山
4位	和歌山
5位	岡山

静岡県

ランキング	都道府県
1位	静岡
2位	山梨
3位	岐阜
4位	愛知
5位	神奈川

愛知県

ランキング	都道府県
1位	愛知
2位	岐阜
3位	三重
4位	静岡
5位	福井

大阪府

ランキング	都道府県
1位	大阪
2位	奈良
3位	和歌山
4位	兵庫
5位	京都

広島県

ランキング	都道府県
1位	広島
2位	山口
3位	岡山
4位	島根
5位	鳥取

香川県

ランキング	都道府県
1位	香川
2位	徳島
3位	愛媛
4位	岡山
5位	高知

佐賀県

ランキング	都道府県
1位	佐賀
2位	福岡
3位	長崎
4位	山口
5位	大分

同じ都道府県・隣接県間でのコミュニケーションが活発

※From-To分析をした結果

情報は鎖のようにつながって拡散されていく

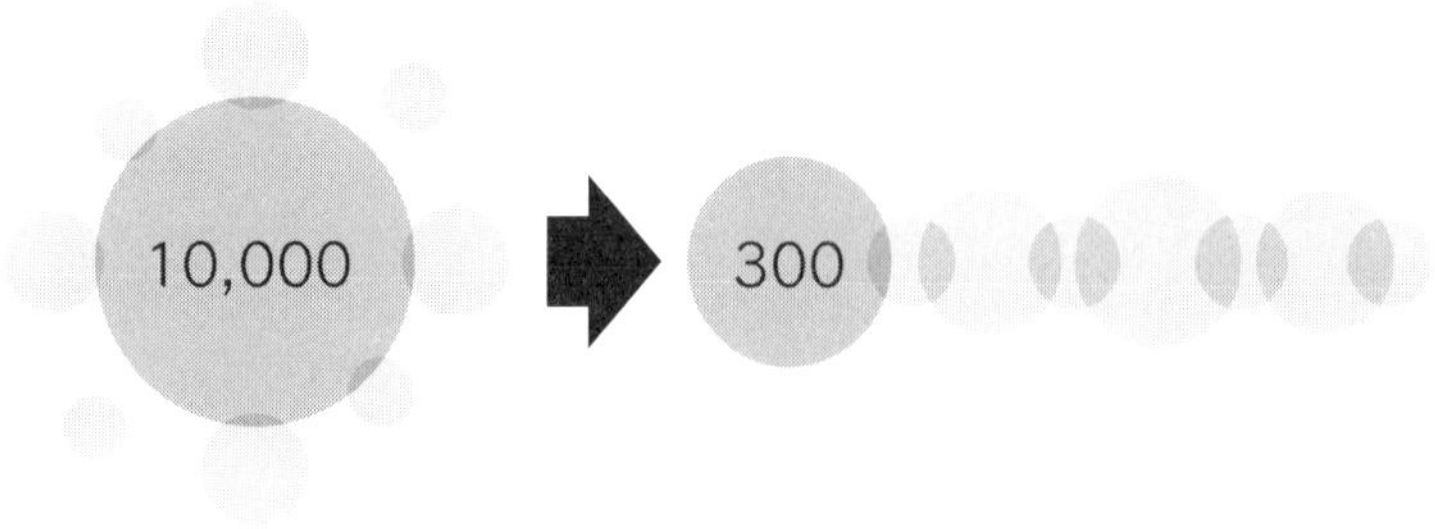

拡散の仕組みをこのように
イメージしていませんか？

実は、**鎖のようにつながっていく**ことで、
拡散されるのです。

けれども、実際のところ、情報は鎖のようにつながって拡散されます。

これは、たとえるならば、ある学校で噂が広まるときの広まり方とほぼ同じです。まずは●●学校の3年A組からB組、C組に噂が広まり、その中の誰かが別の学校である▲▲学校の人と友達で、噂が▲▲学校にも広がっていくのと同じです。

ネットの情報は時間と距離を超えるといわれますが、ツイッターに関しては、そのほとんどが、距離の近いリアルな知り合いに連鎖していくことで情報が伝播していくといえます。

拡散の鎖をたとえるならば……

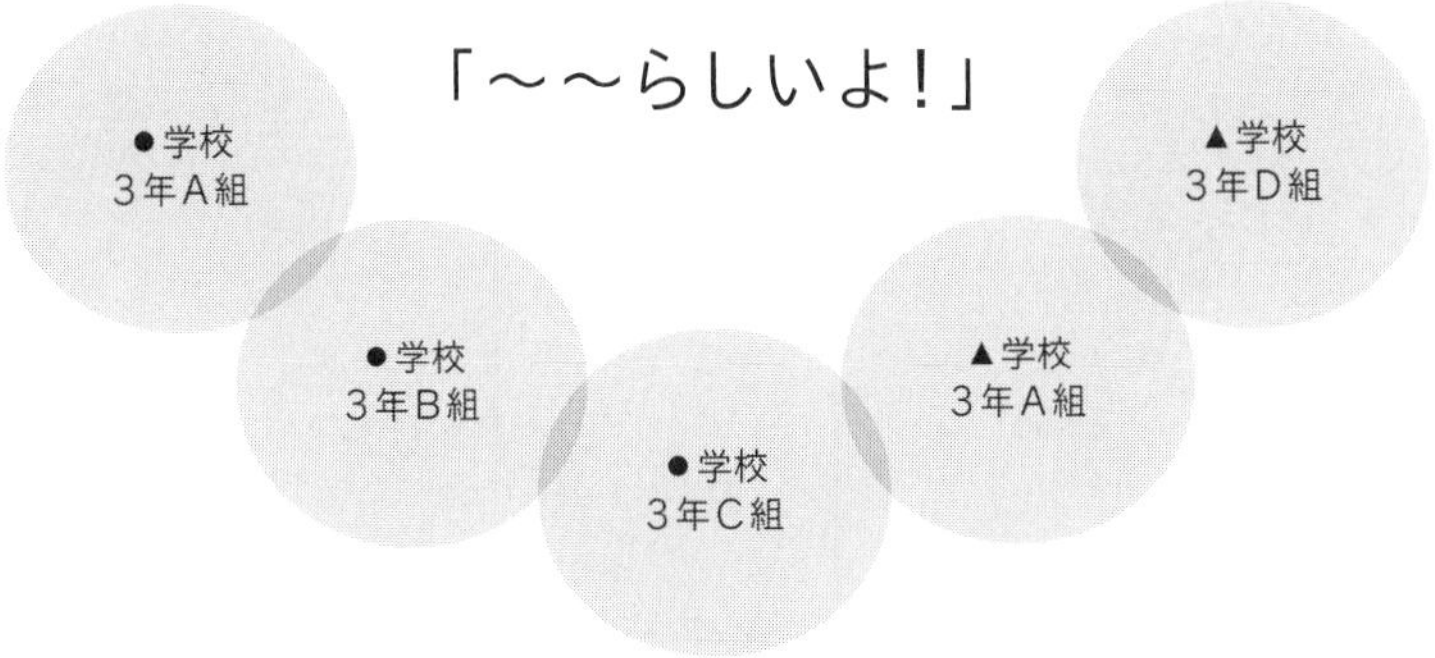
「～～らしいよ！」
●学校
3年A組
●学校
3年B組
●学校
3年C組
▲学校
3年A組
▲学校
3年D組

このような、**リアルな関係に近い濃密なつながりのことを、僕は「スモール・ストロング・タイ（小さくて強いつながり）」**と名付けました。

このスモール・ストロング・タイで拡散される情報は、ほかの情報よりも優先度が高く、信頼度も高いといえます。

つまり、この**スモール・ストロング・タイの連鎖でUGCが広まると、それはほかの情報よりもずっと信頼され、購買につながる率も高くなります。**

では、ここでもう一度質問します。企業にとっての、いいフォロワーとはどんなフォロワーでしょうか？

決して、有名人や影響力のあるインフルエンサーではない！

届けたい情報を、強い絆がある相手に届けてくれるユーザーです！

そのとおり！

そして、そういうユーザーは、

- **プライベートグラフかソーシャルグラフでツイッターを使っている人**
- **ツイート数の多い人**

になります。

先ほどの、どの人がフォロワーになってくれたらいいかという質問の答えは、もうわかりましたよね

おそらく、プライベートグラフでツイッターを使っていると思われる③の人ですね。

しかも、ツイート数が多いということは、躊躇なくリツイートをしてくれる人だと

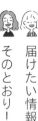

思われます

正解です

集めるべきフォロワーは？（再掲）

①	300 フォロー	10,000 フォロワー	3,000 ツイート

自分をフォローしてこない／ RTしてくれない

②	2,000 フォロー	350 フォロワー	10,000 ツイート

フォローが多すぎてタイムラインが流れる

③	30 フォロー	50 フォロワー	50,000 ツイート

情報拡散に寄与するアカウント

この3人のユーザーの場合、①は企業アカウントをフォローしてこないでしょうし、情報を拡散してもくれないでしょう。

②はフォローしている人が多すぎて、仮にフォローしてくれたとしても、企業の情報は一瞬でタイムラインから流れてしまいます。

③のユーザーは、スモール・ストロング・タイの関係のフォロワーを抱えているユーザーと考えられます。しかも、ツイート数が多いから、情報拡散もしてくれそうです。

もし、自分のアカウントでつぶやいたツイートを③の人がリツイートしてくれたのを見かけたり、③の人が自分の会社の商品について触れてくれたりしたら、すぐに公式アカウントでリツイートして、フォローしましょう。

フォロワー数が少ないユーザーが企業アカウントにフォローされたり、リツイートされたりする経験は少ないはずです。

フォローをすれば多くの場合はフォロー返ししてくれますし、そのユーザーが自社商品について書いてくれたツイートを公式アカウントでリツイートすれば、今後もその商品についてのツイートを増やそうというモチベーションを上げることになります。

まとめると、企業の公式アカウントは、

①プライベートグラフかソーシャルグラフでツイッターを使っている人（具体的にはフォロー数が30人から300人台）
②ツイート数の多い人（具体的には1万ツイート以上）

を優先的にフォローして相互関係を築くといいといえます。

これは余談ですが、ある記者さんが実際にバズったツイートについて、分析して報告してくれたことがありました。

その方が分析してくれたのは、そのときたまたま1・9万リツイートされていたバズツイートです。

このツイートをリツイートしたアカウントをランダムに100個選んで分析したところ、①のパターン（フォロー数が30〜399人）に該当するアカウントは49、②のパターン（ツイートが1万以上）に該当するアカウントは74あり、どちらかに該当するアカウントは実に100個中94個だったそうです。

公式アカウントの運用において、本当に大事なユーザーがどんなユーザーか、おわかりいただけたでしょうか。

10章　まとめ

・ＵＬＳＳＡＳを回すためには
質のいいフォロワーを獲得するとよい。

・一般的なインフルエンサー（リツイートされやすい人）
と、企業にとってのインフルエンサー
（リツイートしてくれる人）は別物。

・バズはインフルエンサーによってではなく、
スモール・ストロング・タイによって生まれる。

・企業にとってのインフルエンサー（よいフォロワー）とは、
①プライベートグラフかソーシャルグラフで
ツイッターを使っている人か、
②ツイート数の多い人。

11

ULSSASを回すポイント②

UGCを発生させる仕掛け

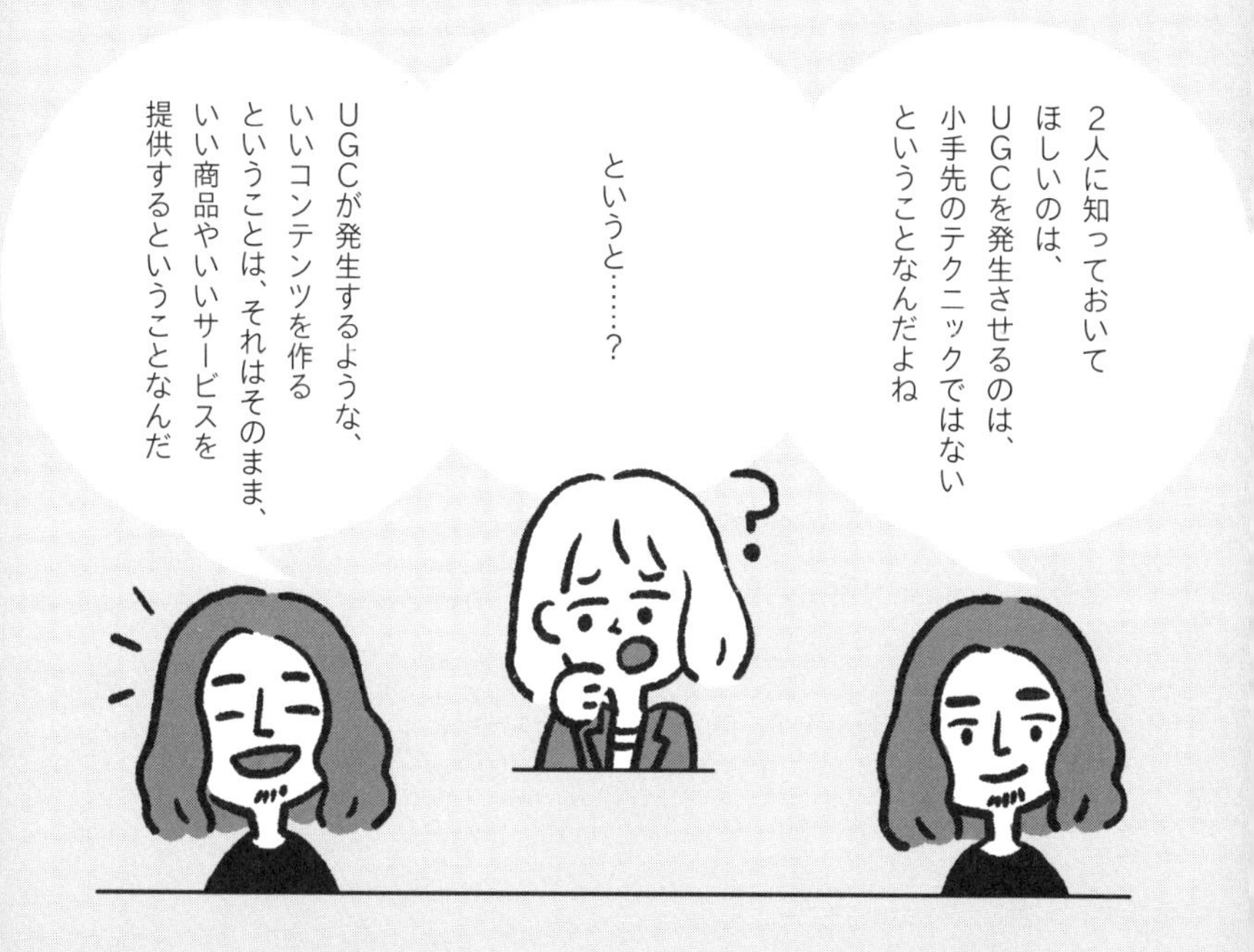
2人に知っておいて
ほしいのは、
UGCを発生させるのは、
小手先のテクニックではない
ということなんだよね
というと……？
UGCが発生するような、
いいコンテンツを作る
ということは、それはそのまま、
いい商品やいいサービスを
提供するということなんだ

前の章では、フォロワーの質を変えることで、UGCがリツイートされやすくなることをお話ししました。

ここからは、実際に弊社がツイッター運用のお手伝いをしたお菓子メーカー、シャトレーゼさんを例にあげてお話ししていきましょう。

シャトレーゼは、全国に店舗を持つ洋菓子メーカーです。

2017年7月にツイッターの公式アカウントをスタートさせました。そこから2年ほどで、フォロワーは19万人まで増えました。

注目してほしいのは、フォロワー数の増加ではなく、ツイッター運用前に比べ、テキストのみのUGCが1・6倍、画像つきのUGCが11倍になったことです。その結果、リツイートを含めた口コミの数が8倍になり、指名検索も大幅に増えました。

僕は以前、浅野くんに「ユーザーが自分でその情報を拡散してくれるなら、やみくもにフォロワーを増やす必要はあるだろうか?」と聞きました。

シャトレーゼでも、まずは数を追うのではなく、質のいいフォロワーさんにフォローしてもらうことを心がけました。いわゆる一般的なインフルエンサーではなく、シャトレー

事例・シャトレーゼ

指標	2017年7月	2018年9月	
フォロワー数	0フォロワー	121,680フォロワー	
クチコミ数／月（RT含）	9,646件	77,339件	**約8倍**
UGC数／月（テキストのみ）	3,890件	6,163件	**約1.6倍**
UGC数／月（画像付きのみ）	139件	1,556件	**約11倍**

競合他社との比較

大手お菓子小売企業さま

フォロワー数：約80万人
反応率：約0.15%
［投稿に対する反応］
RT：113
コメント：0
いいね！：456

フォロワー数は
1/10差

反応数は
3倍差

Châteraisé

フォロワー数：約8万人
反応率：約0.55%
［投稿に対する反応］
RT：359
コメント：5
いいね！：692

ゼにとってのインフルエンサーがフォロワーに集まったことで、**競合他社に比べると10分の1のフォロワー数で、UGCのインプレッション数（つまりリツイート数）は約3倍**にすることができています。もちろん指名検索も売上も、それに比例して伸びています。フォロワーは数だけが重要なのではなく、質が大切であるということがはっきりとわかります。

シャトレーゼで取り組んだのは、質の高いフォロワーを抱えることだけではありません。それ以外にも、

①UGCを発生させやすい公式アカウントからの投稿
②ユーザー参加型のコンテンツ
③UGCを生み出すアカウント運用

に力を入れました。

シャトレーゼにおけるUGCの拡散

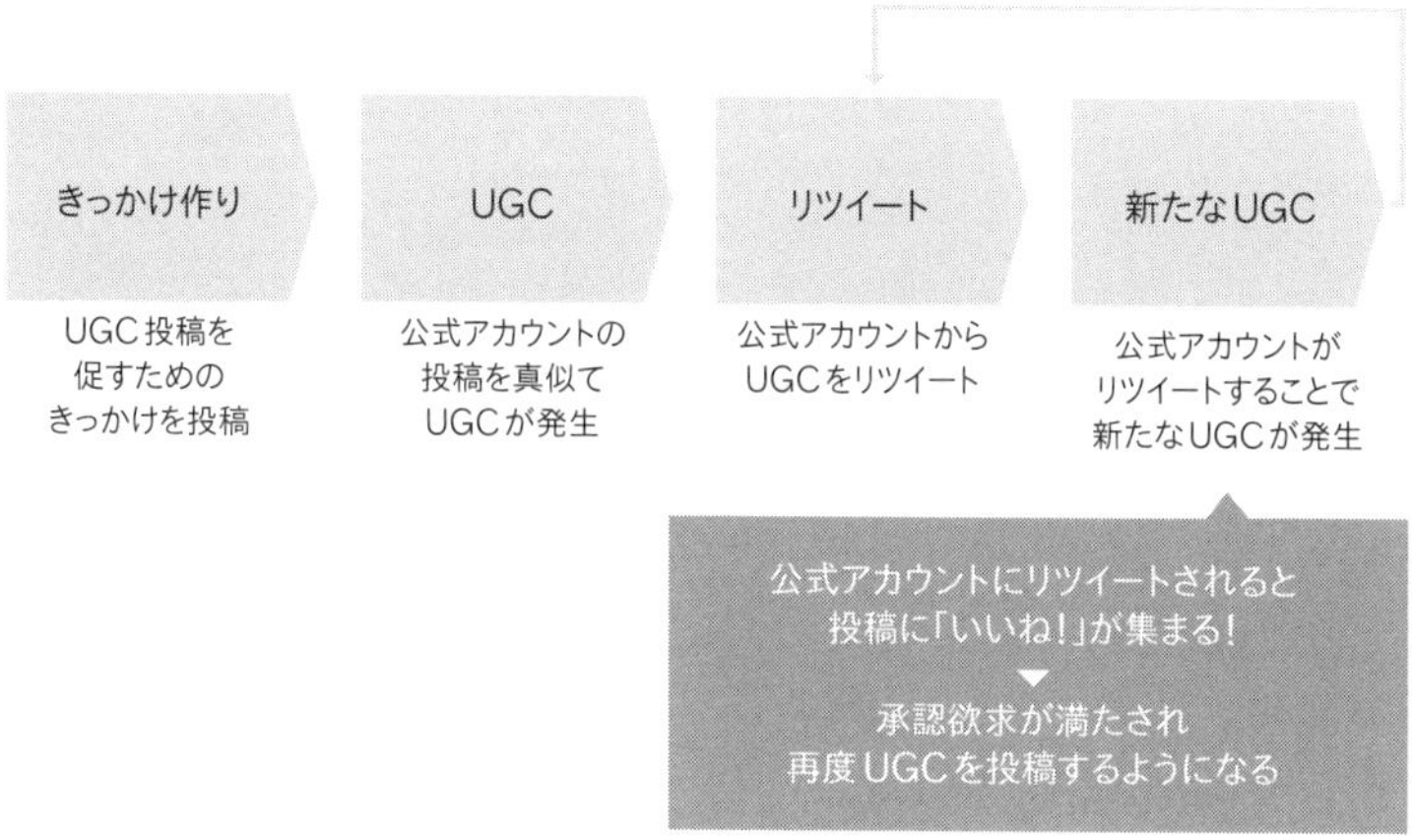
きっかけ作り
UGC投稿を促すためのきっかけを投稿
UGC
公式アカウントの投稿を真似てUGCが発生
リツイート
公式アカウントからUGCをリツイート
新たなUGC
公式アカウントがリツイートすることで新たなUGCが発生
公式アカウントにリツイートされると投稿に「いいね！」が集まる！
承認欲求が満たされ再度UGCを投稿するようになる

たとえば①でいうと、宣伝感のないおしゃれな画像を使って、リツイートしたい気分になる写真を増やしました。

また、②では公式アカウントで、ユーザーが真似したくなる投稿をおこないました。あとで紹介するアイスクリームを使ったカクテルのような投稿が、ユーザー参加型になりやすい投稿です。

③では、「こういう投稿をしたら、公式アカウントでリツイートされる」という空気感を醸成しました。ユーザーにとって公式アカウントにリツイートされるというのは、嬉しい経験です。こんな投稿をしたらリツイートされるのか！　とわかるような、いわゆる「お手本投稿」をリツイートし続けることで、

自然と企業が欲しいＵＧＣが増えるようになります。

実際におこなった投稿を見てみましょう。

まずは、ＵＧＣの投稿を促すために、アイスクリームを使ったカクテルを作る動画を公式アカウントにアップしました。

これを見たユーザーが、公式アカウントの投稿を真似てカクテルを作りそれを投稿しました。これがＵＧＣの発生です。このＵＧＣを、公式アカウントがリツイートします。その際、ハッシュタグをつけてくれている投稿はわかりやすいのですが、そうではないものもあるので、エゴサーチ（会社名、商品名などで検索して、それに対するＵＧＣがあるかどうかを確認すること）することも重要です。

ここで公式アカウントがおこなったリツイートを見たユーザーが、「私もやってみよう」と、さらなるＵＧＣを生み出します。今は、ひとつの投稿に対して、２０００〜３０００のＵＧＣが生まれています。これらの投稿から毎日3〜5つのツイートを選んで、公式アカウントがリツイートしています。公式アカウントにリツイートされると、「いいね！」の数やリツイートの数が圧倒的に跳ね上がるので、ユーザーにも喜んでもらえ、再度ＵＧ

Cを投稿するユーザーが増えます。

このくり返しで、シャトレーゼにはファンが増え、UGCのインプレッションも高くなっていきました。

とてもわかりやすい実例ですね。僕の会社や、木下さんの仕事でUGCを発生させる仕掛けを考えるとしたら、どんな方法が考えられるかなあ。まずは、自社の商品をアップしてくれている人を見つけたら、積極的にリツイートしていく感じですよね

ハッシュタグをつけるのもいいと思うよ。たとえばシャトレーゼでは、誕生日のケーキをアップしてくれている人の写真をリツイートするときに「#ハッピーバースデーシャトレーゼ」とつけてリツイートしたんだよね。これを見たユーザーは、誕生日ケーキを投稿するときは、「#ハッピーバースデーシャトレーゼ」とつければいいのかと考えてくれる。そうすると、自然と社名と商品の写真が広まっていくよ

僕たちも、そういうハッシュタグ、考えてみます

ただ、2人に知っておいてほしいのは、UGCを発生させるのは、小手先のテクニックではないということなんだよね

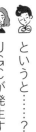

というと……？

ＵＧＣが発生するような、いいコンテンツを作るということは、それはそのまま、いい商品やいいサービスを提供するということなんだ

身の引き締まる思いです。ＳＮＳの運用だけうまくなっても、結局商品やサービスがよくないと、意味がないということですよね

うちの家具は、もっともっとたくさんの人に知ってもらいたいと思える商品ばかりなので、僕は、今から燃えてます！

それは素晴らしい！　自信を持って勧められる商品やサービスがあってこそ、ＵＧＣを活用したＳＮＳマーケティングが生きるからね

シャトレーゼにまつわるＵＧＣの中でも、とくに印象的だったのは、クリスマスシーズンの「アレルギーフリーのケーキを見つけた！」というツイートでした。

シャトレーゼでは、アレルギーのあるお子さんにもケーキを食べてもらいたいと、牛乳、卵、小麦粉を使用していないケーキの開発に注力していています。そして、クリスマスシーズンを前にして、その開発秘話をまとめた記事をツイッターで紹介していました。

工場での製造過程のこだわりなどを記事化していたのですが、あるユーザーがその投稿を見つけて、ツイッターでつぶやいてくれました。

この方のフォロワーは100人くらいだったのですが、このツイートは、あっという間に2000リツイートを超えました。その方の周りには、同じようにアレルギーの子どもを持つ人が多かったのかもしれません。子どものころにアレルギーでクリスマスケーキを食べられなかった人にも届いたのかもしれません。その後、公式アカウントでもこのツイートをリツイートしたことで、このUGCはさらに大きな広がりを持ちました。

このUGCをきっかけに、それまでお子さんのアレルギーに悩んでいた親御さんや、小児科のお医者様などから、熱のこもったメッセージをたくさんいただきました。

僕は、ここに、SNSマーケティングの本質があるように思います。

結局のところ、SNSマーケティングで売上をアップさせる一番のポイントは、顧客にとってよい商品やサービスを磨き上げることなのかもしれません。

ULSSASの起点となるUGCの発生は、顧客に「これはいい！」「これを誰かに伝えたい！」と思ってもらうことが、スタート地点だからです。

11章　まとめ

・ULSSASを回すためには、
UGCを発生させる仕掛けが必要。

・ユーザー参加型のコンテンツはUGCを生みやすい。

・発生したUGCはリツイートして、
さらなるUGCにつなげる。

・UGCで口コミのアテンションが広がれば、
フォロワー数が多い企業アカウントよりも
売上貢献が期待できる。

・結局、UGCを起点としたSNSマーケティングは、
商品やサービスが肝。

12 Twitter 以外の SNS マーケティング

顧客の年齢層や商品の特性によって、相性のいいSNSを使うのがいいんだ
僕の場合はどうでしょう。家具だから、インスタグラムは、相性がいいような気がするんですが

ここまではツイッターを中心にしたSNSマーケティングを聞いてきましたが、それ以外のSNSについても、アドバイスをもらっていいでしょうか

僕も聞きたいです

もちろん！　ここまではUGCを起点とする、比較的コストがかからず、しかも中小企業や個人事業主が、大企業と渡り合いやすいツイッターで話をすすめたけれど、実際は、顧客の年齢層や商品の特性によって、相性のいいSNSを使うのがいいと思うよ

僕の場合はどうでしょう。家具だから、インスタグラムは相性がいいような気がするんですが

たしかに、おしゃれな家具の写真はインスタ映えするから、フォロワーを増やしやすいかもしれない。インスタグラムで企業アカウントや仕事のためのアカウントを運用するなら、ひとまずフォローしてもらうことが前提になるからね

インスタグラムにも、ツイッターのリツイートにあたる、リポストがあります。ただ、リポストをするためには、投稿者の許可が必要になりますから、ツイッターのように、リ

各SNSの利用ユーザー

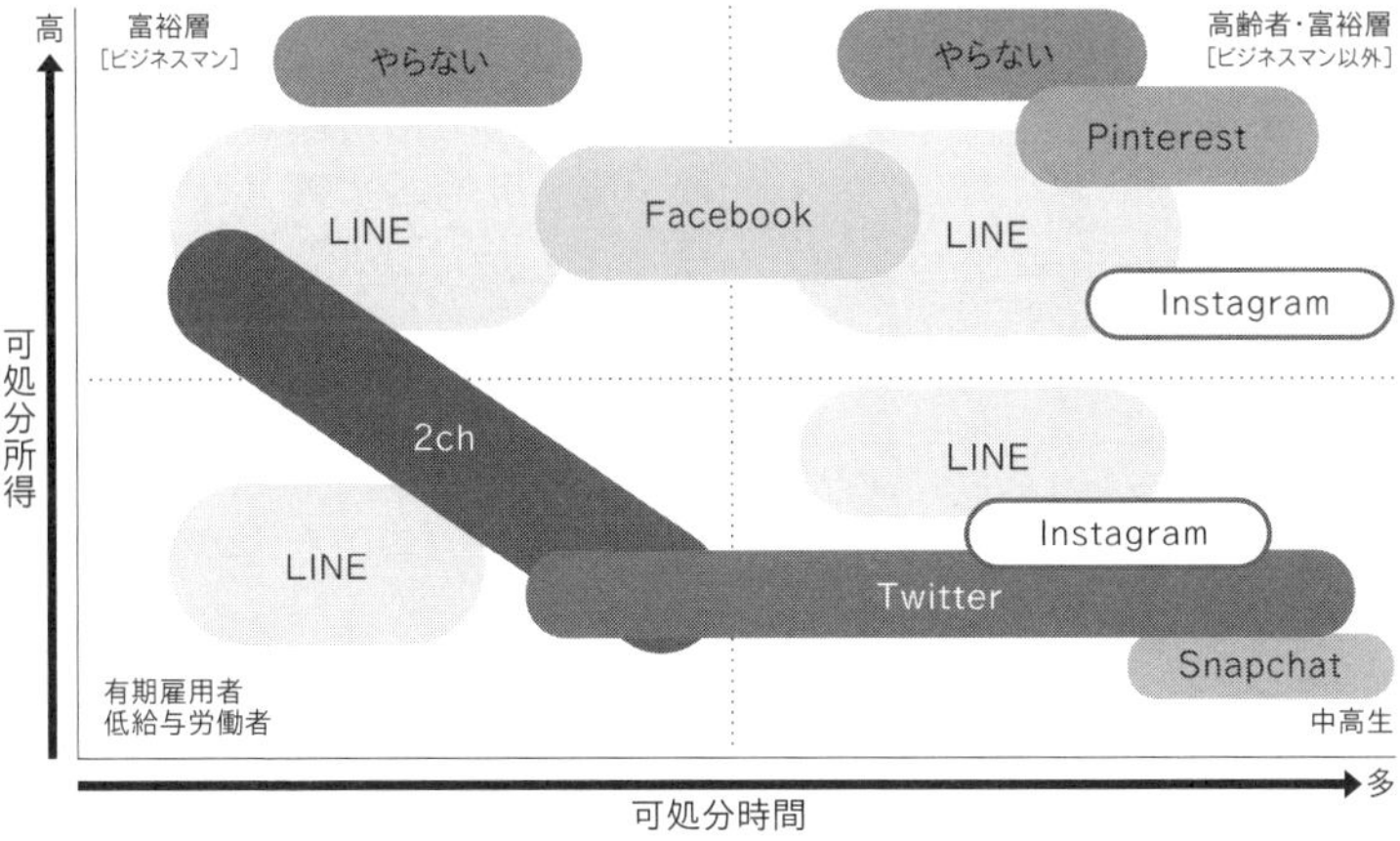

ツイートの連鎖がつながっていくことは、ほとんどありません。ですから、自分の投稿を見てもらおうと思ったら、まず、フォローしてもらわないことには始まりません。

一方、インスタグラムは、ハッシュタグでの検索がさかんです。ハッシュタグがあることで、プライベートグラフやソーシャルグラフではなく、インタレストグラフでのつながりが持てるようになります。このハッシュタグをうまく使って、フォロワーを増やしていきましょう。

ハッシュタグの使い方でコツはありますか？

まず、家具を探そうと思う人たちが、

どんなハッシュタグを使うのかを調べるのがいいと思う。それから、自分が投稿するときだけではなく、誰かが浅野くんの会社の商品をハッシュタグをつけて紹介してくれていたら、リポストの許可を取ったり、積極的にコメントしていいと思うよ

積極的にからむんですね

インスタグラムは、1対1のコミュニケーションがしやすいんだよね。商品にリアクションをしてくれた人と、できるだけ密な関係を作るように意識するのがいいと思うな

私の場合、アパレル業の方や美容師、ネイリストなどが顧客対象なので、インスタグラム利用者が多いんですよね。ＢｔｏＢ企業が直接のクライアントとはいえ、インスタグラムでアピールできたら、受注につながるかなあと思ったのですが……

接客講習の様子自体が写真で話題になるかどうかはわからないけれど、動画でコンテンツを作るのはありかもね。あと、最近、インスタグラムを長文投稿に使う人や企業も増えてきている。オウンドメディアの代わりに使っている感じ。だから、もし木下さんが接客のコツのようなものをテキストで書けるなら、それを写真と一緒に投稿していくのはいいかもしれない

ブログに似た感じの投稿ってことですね

それを、クライアントが見てくれるとは限らないけれど、実際に接客をしている人のフォロワーが増えれば、そこから「講師に呼んでほしい」という話が出ることもありえるよね

飯髙さん、フェイスブックはどうですか？

フェイスブックで公式アカウントを運用するなら、ターゲットを絞って広告をうつのがいいと思うな。フェイスブックは細かくユーザー特性を絞れるから、自分たちの商品を届けたい人に広告をうちやすいというメリットがあるんだよね。フェイスブックでUGCを生み出すと考えるよりも、広告をうまく使うのがいいと思う

なるほど

ただ、別のSNSで話題になったコンテンツが、フェイスブックのユーザーアカウントのUGCとなって拡散されていくことはよくあるよね。だからどんなソーシャルメディアを運営するにしても、企業がUGCのもとになるコンテンツを作ることが大事

よくわかりました

常にＵＧＣを意識するということですね

ピンタレストはどうでしょうか？

お！　きましたね、ピンタレスト。実はひそかに、家具はピンタレストと相性いいんじゃないかなって思ってたんだ。ピンタレストは日本ではそこまでユーザーが多くないから、取り組んでいる企業は少ないんだけど、海外ではピンタレストからものを買うのは当たり前になってきてるんだよね

ピンタレストは、以前はユーザーが投稿した写真の中から、好きな写真をクリップしてボードに貼り、それをフォロワーに見てもらうようなＳＮＳでした。

でも、ここ数年で仕様が一気に変わって、ソーシャルネットワークというよりは、好きなものを探す場所になっていきました。

フォロワーが多い／少ないにかかわらず、その人が気になる分野の写真であれば、レコメンドされます。海外では、そのレコメンドから、直接購買につながるケースが常識になってきています。

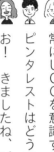

たとえば、あるインテリア商品のECサイトでは、SNSサイトからの流入の8割がピンタレストだと聞きました。

ピンタレストというと「ユーザー数が少ないから、利用しても意味がない」と言う人が多いのですが、それは、それぞれのSNSの特徴を理解できていないからです。

ピンタレストの特徴は、欲しいものや関心のあるものを見て、購買する可能性が高いこと。現在、日本の企業でピンタレストを積極的に活用しているところは少ないので、リコメンドされる可能性は高いといえます。商品によっては、ピンタレストをもっと積極的に活用してもよいと感じます。

最後に国内で一番ユーザーの多いLINEについても触れておこう

LINEはクローズドSNSだから、効果検証が難しいと言っていましたよね？

そう。ただ、さっき話したように、LINEはプライベートグラフで使われているから、ここでUGCが生まれると、かなり強力な口コミとして作用するともいえるんだよね。以前、スマホケースのECサイトを運用していたとき、商品に「LINEに送る」ボタンを置いただけで、売上が2倍近くに跳ね上がったことがあったよ

それは、家族や友達にどれがいいと思う？　とか、おそろいで買おうよなどと聞くからでしょうか

うん、おそらく、それで売上が上がったんだと思う。これはＬＩＮＥに限らないけれど、今の木下さんのように、ユーザーがＳＮＳ上でどんな行動をしていて、それがどんなふうに購買につながっているかを想像するのは、すごく重要だと思うよ

ポイントは、それぞれのメディアの特性を踏まえることと、想像をすることの２つというわけですね

これからＬＩＮＥ内に決済やＥＣのシステムなど、ＬＩＮＥ内ミニアプリが増えていくはず。それらもチェックしていくといいと思うよ

ツイッターは、投稿がフォロワーにダイレクトに届きやすい。インスタグラムはハッシュタグで検索されている。フェイスブックはターゲティングの精度が高く広告がききやすい、ピンタレストは購買につながりやすい。ＬＩＮＥは強力な口コミツールとして機能しているはずだ……など、メディアの特徴を把握することが大事なのです。

12章　まとめ

・それぞれのSNSで、効果が上がる施策は異なる。

・ユーザー行動を想像して施策を打つことが重要。

13

炎上は どう防ぐ？

最近、タレントや政治家のアカウントだけじゃなくて、企業アカウントでも炎上が多くて、少し怖いです
ひとつ知っておくといいのは、炎上鎮火には法則があるということ

最後に、炎上対策について知りたいのですが……

たしかに。最近、タレントや政治家のアカウントだけじゃなくて、企業アカウントでも炎上が多くて、少し怖いです

ひとつ知っておくといいのは、炎上鎮火には法則があるということ

鎮火の法則？

たとえば、ツイッターの場合、ネガティブなツイートが100個あったとしたら、その10日後には、そのネガティブツイートは10ツイートに、100日後には1ツイートになります。

つまり、**炎上が鎮火するのには、「ネガティブツイートがピークのときのツイート数÷日数」だけの時間がかかる**ということです。

これは逆にいうと、初動を間違えて対策が遅れると、鎮火にも時間がかかるということです。100のネガティブツイートが出たときに、対処しなかったり、対策を間違ったりして、次の日に200のネガティブツイートが生まれたら、鎮火するのに、さらに時間がかかってしまいます。

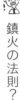

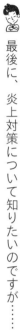

対策というのは、何をすればいいんですか？

ちゃんと謝ること、かな。もちろん、こちらに非がない場合は、ちゃんと弁明することも大事です

リアルな社会と同じですね

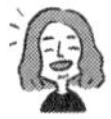
そのとおり。あとは、ある程度時間が経って、ネガティブな投稿が落ち着いた時点で、自分からポジティブな投稿をして、ポジティブの波を作ること。ポジティブなメッセージはこちらから作ることができるし、ポジティブな投稿はネガティブな投稿を鎮火する効果もあります

なるほど

ただ、そのポジティブなメッセージがちゃんと広がっていくようにするためにも、日頃から応援してくれるフォロワーを増やしておく必要がありますね。そういうフォロワーの人たちが、いざというとき、自社のアカウントの応援団になってくれるから

炎上の真っ最中に「もう謝ったんだし、これから気をつければいいんじゃない？」

といったフォローが入ると、たしかに空気が変わりますよね
どんなに気をつけていても、ミスは起こるし、炎上してしまうこともあります。必要以上に恐れることなく、誠実に対応すればいいと思うな

SNSマーケティングをおこなうなら、自分自身がユーザーとしてそのSNSを使いこなすことが一番大事です。

どんなときにリツイートしたくなるのか、どんなときにコメントをしたいと思うのか。どんなときにイラっとするのか……。自分でSNSを使い倒し、それを分析することで、UGCが生まれやすいのはどんな状況か、だんだんわかるようになっていきますし、炎上するかもしれない投稿に対する危機管理能力も培われます。

これは究極の話になりますが、僕は、**企業のSNS運用はやりたい人がやればいい**と思っています。仕方なくやるというような人が運用するくらいなら、SNSは使わないほうがいいと思うほどです。

SNSに機械的な投稿をしても、何の意味もありません。オンラインでの顧客接点では

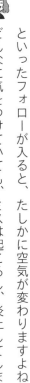

ありますが、不思議と、リアルで会う以上に人間味が必要だったりします。ですから、SNSの運用は、好きな人がやるのが一番なのです。

人間性も、先ほど話したように、商品やサービスの良しあしも、実はまるっと見えてしまうのがSNSだといえるでしょう。

13章　まとめ

・炎上の鎮火は初動が大事。

・SNSでのユーザー行動を理解するには、自分自身がそのSNSを使い倒す。

・SNSでの対応こそ、リアル以上の誠実さが大事。

第2部

コンテンツ
活用編

僕たちのメッセージは、どのように作ればいい？

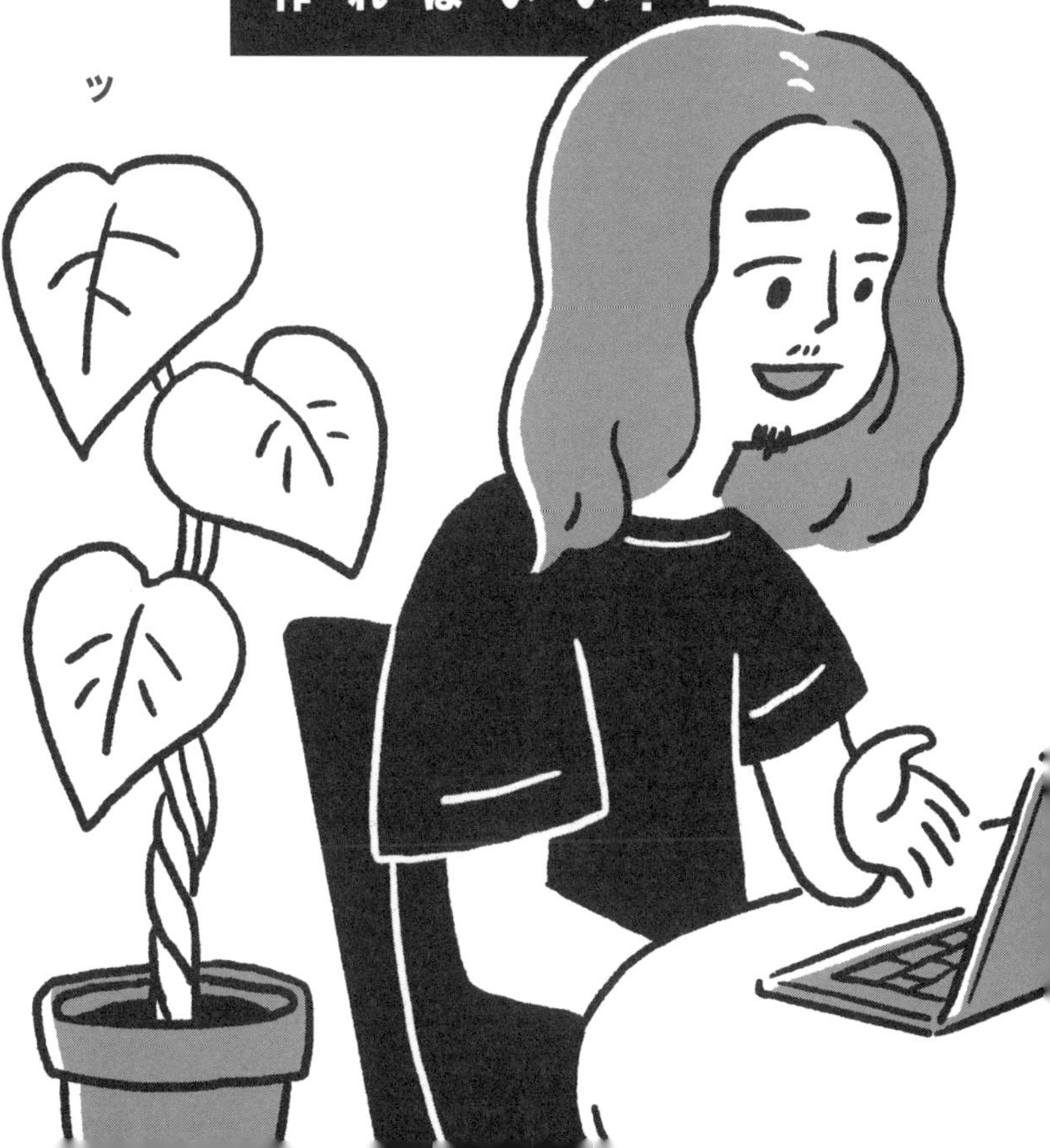

1

UGCが
発生しないときこそ
コンテンツ
マーケティング

UGCを発生させるためのきっかけ作りが、コンテンツマーケティングなんですね
そう。コンテンツを作って投稿し、それを着火剤にしてUGCを発生させると考えるとわかりやすいかな

さて、お待たせしました。先ほどまでは、これからの時代に欠かせないＳＮＳマーケティングについて話をしてきました。情報が伝わりにくい時代にも、ＵＧＣを活用してＵＬＳＳＡＳを回せば、ユーザーに情報が届き、購入につながるという話をしましたね。ここからは、主に木下さんの相談ごとについて話していこう

よろしくお願いします

木下さんは、「ＵＧＣがほとんどない場合は、どうやってＵＧＣを作ればいい？」という質問をしていたよね

そうなんです

第１部のおさらいになるけれど、ＵＧＣが自然に生まれていない場合は、ＵＧＣを促すためのコンテンツが必要になってくる。木下さんの場合、まだＵＧＣは生まれていないけれど、指名検索は少しずつ発生しているということだったよね

微々たるものですが……

木下さんのように、②や③に当てはまる場合は、ユーザーにシェアされやすいコンテンツを作るのがオススメです

UGCと指名検索の有無で施策を考える

	UGC	指名検索	方針	施策の方向性
①	◯	◯	さっそくSNSを活用して売上をUPしよう!	・さらなるUGC創出のためのアカウント運用 ・UGC活用
②	×	◯	UGCが出るようにすることが可能ならSNSを活用しよう	・シェアされる経営 ・シェアされるアカウント運用
③	×	×	UGCを促すためにはコンテンツが必要	・コンテンツ制作

UGCが自然発生しないときこそ、コンテンツマーケティングが重要になります。

とくに、木下さんのように、サービスを立ち上げたばかりの人や、BtoBの商材やサービスは、UGCが生まれにくいので、UGCのきっかけを自らつくる必要があります。

UGCを発生させるためのきっかけづくりが、コンテンツマーケティングなんですね

そう。コンテンツを作って投稿し、それを着火剤にしてUGCを発生させると考えるとわかりやすいかな。何もしなかったらUGCは生まれないけれど

も、ＵＧＣのきっかけになるような、実績やノウハウを紹介するコンテンツを作ると、ＵＧＣが生まれる場合があるよね

私が細々と書いている、接客マナーブログも、コンテンツといえますか？

もちろん！　第1部でも話したように、今は個人もメディアになれる時代だよね。そのブログを誰かが取り上げてくれればＵＧＣが生まれるし、自分で拡散してＵＧＣの発生を狙ってもいいよね

左ページの図を見てください。

ＵＧＣが生まれていない場合は、コンテンツを作ることでＵＧＣの発生のきっかけを作ることができます。

すでにＵＧＣが生まれている場合は、コンテンツマーケティングと組み合わせることで、よりＵＧＣが広がり、ＵＬＳＳＡＳが回りやすくなります。

メディアに取り上げてもらったり、記事広告を出稿したりするのも、コンテンツマーケティングですか？

UGCがない場合こそ、コンテンツマーケティングが有効

	UGC	指名検索	方針	施策の方向性	
①	○	○	さっそくSNSを活用して売上をUPしよう！	・さらなるUGC創出のためのアカウント運用 ・UGC活用	→ コンテンツを作ると、さらにUGCが増える
②	×	○	UGCが出るようにすることが可能ならSNSを活用しよう	・シェアされる経営 ・シェアされるアカウント運用	→ コンテンツを作って、UGCを出すようにする
③	×	×	UGCを促すためにはコンテンツが必要	・コンテンツ制作	→ コンテンツを作って、UGCを出すようにする

そのとおり。その取材記事や出稿記事を読んで、そのまま購買につながることもあるけれど、その記事がきっかけで、SNSにUGCが生まれることもある。そこからULSSASサイクルがスタートするんだ

なるほど

もちろん、公式アカウントが投稿することで、UGCが発生する可能性もある。コンテンツマーケティングは、SNSマーケティングとの相性もいいんだよね

そっか！　さっき紹介してもらった、シャトレーゼのアレルギー対応ケーキの話も同じですね。ケーキ製造のこだ

わりをホームページにアップして、ツイッターで紹介する、あれもコンテンツマーケティングですよね

そうそう。あの場合は、もともとUGCが生まれていたところに、コンテンツを投入することで、さらにUGCが増えた例だね

ということは、コンテンツマーケティングって、木下さんのようなケースだけではなく、僕の会社にも関係しますよね

お！ いいところに気づいたね！ 近年増えてきているオウンドメディアの運営も、コンテンツマーケティングの一例だよ。②や③の会社だけではなく、①の会社がコンテンツマーケティングをSNSに投下していくと、よりUGCが増えやすくなるよ

コンテンツマーケティングがSNSマーケティングと相性がいいことはすでにお話ししましたが、近年、コンテンツマーケティングが注目されるのには、それ以外にも理由があります。

この話は、次の章で、詳しく説明しましょう。

1章　まとめ

・コンテンツの制作によって、UGCの発生を促すことができる。

・コンテンツマーケティングとSNSマーケティングは相性がいい。

2

どうして
コンテンツ
マーケティングが
注目されているの？

コンテンツって、
どんな人に届くと思う？
もちろん、検索でその記事に
たどり着く人もいる
だろうけれど……
たまたま見かけた人や、
さっき言ったような
UGCで友人から
シェアされて見る人も
いますよね

さっき、コンテンツマーケティングはSNSマーケティングと組み合わせると力を発揮するという話をしたよね

SNS時代に合った手法ということですよね

そう。でも、近年コンテンツマーケティングがとくに注目されるようになった理由は、それだけじゃないんだ

なんだろう？

オウンドメディアの記事でも、広告記事でも、動画でも、ブログでもいいんだけれど、コンテンツって、どんな人に届くと思う？　もちろん、検索でその記事にたどり着く人もいるだろうけれど……

たまたま見かけた人や、さっき言ったようなUGCで友人からシェアされて見る人もいますよね

あ、そうか！　コンテンツマーケティングは、この商品について調べようと思ったり、買おうと決めて検索している人だけではなく、商品を知らなかったり、まだ購入を検討していない層にも届くというわけですね

そのとおり

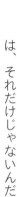

コンテンツマーケティングは潜在層にもアプローチできる

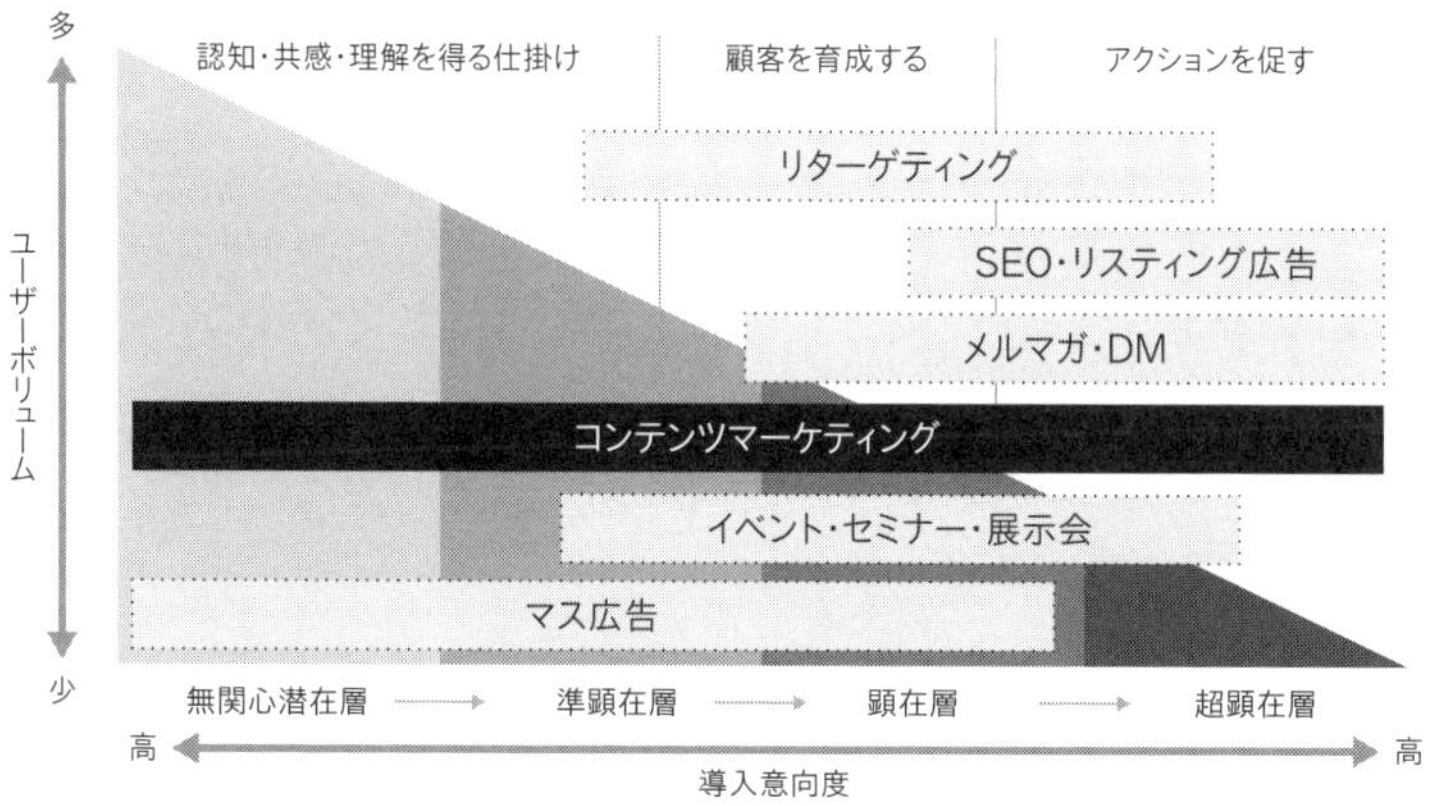

今、浅野くんが指摘してくれたように、コンテンツマーケティングが注目されている理由のひとつは、潜在顧客層にアプローチできる手段だからです。第1部でもお話ししましたが、この少子高齢化が進んだ時代に商品やサービスの売上を伸ばすためには、**潜在層に向けたアプローチが必要**になってきています。

これまで、潜在顧客層にアプローチできる手段は、テレビCMや新聞広告などの、いわゆる「マス広告」といわれる手段くらいしか方法がありませんでした。しかし、こういったマス広告は、費用も高額です。

SEO対策やリスティング広告は、すでに

「検索ワード」を入れられるくらい、顧客の希望が顕在化しているときにしか効きません。

一度見たサイトを何度か表示させるリターゲティング広告や、メールアドレスを獲得した人にメルマガやＤＭを送って商品の案内をすることもできますが、これもやはりどこかでメアドを手に入れることができた人（つまり、自社になんらかの形で接触してくれた人）がターゲットになります。

けれども、ブログ、動画配信、記事配信、オウンドメディアの運営などのコンテンツマーケティングは、潜在的にその商品やサービスを必要としている顧客にまでアプローチできる可能性があります。コンテンツマーケティングは、継続的なマス広告を出せない中小企業や個人事業主にとって、潜在顧客層にアプローチできる、数少ない手法なのです。

それだけではありません。コンテンツマーケティングは、まだ商品を購入するかどうか迷っている顧客の育成にも役立ちます。コンテンツマーケティングで配信した記事や動画が、最後のひと押しになることもあります。

単にアテンションを増やすだけではなく、顕在顧客層に対しても、アプローチできる手法なのです。

商材を選ぶとき、31.5パーセントは「情報収集、課題形成において参考になった業者・企業」と回答

商材選定時に候補として選択する企業

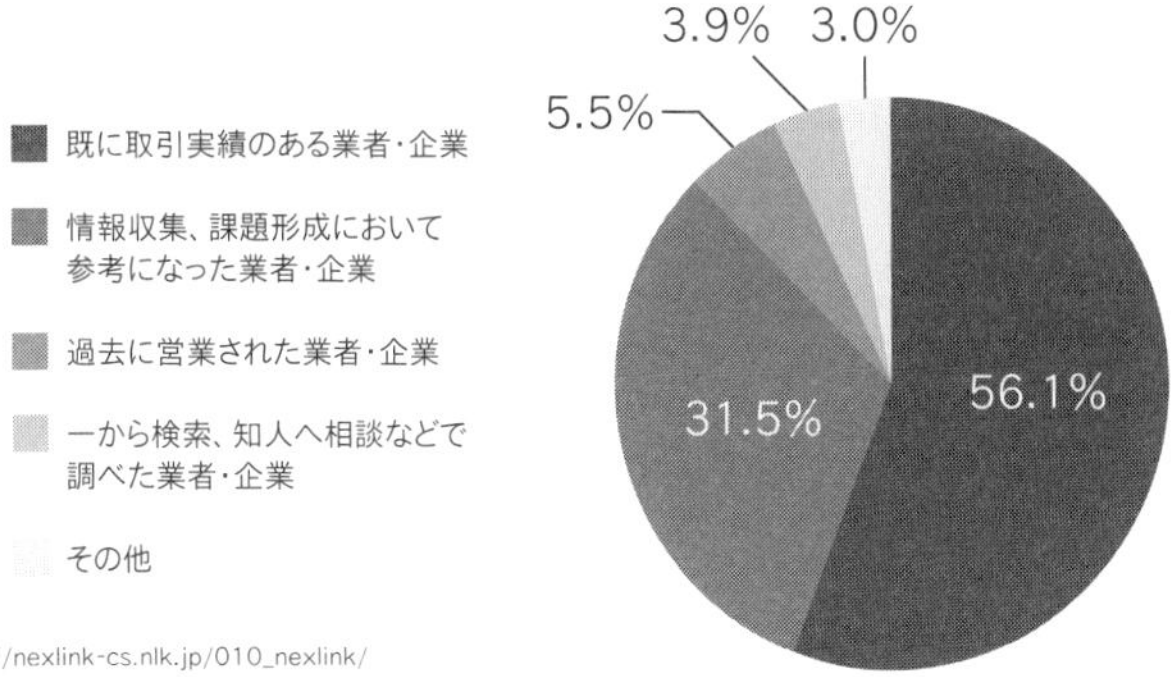
既に取引実績のある業者・企業
情報収集、課題形成において参考になった業者・企業
過去に営業された業者・企業
一から検索、知人へ相談などで調べた業者・企業
その他
56.1%
31.5%
5.5%
3.9%
3.0%

出典：http://nexlink-cs.nlk.jp/010_nexlink/

飯髙さん、ひとつ聞きたいのですが、こういうコンテンツマーケティングは、BtoBのサービスでも効果はあるんでしょうか

僕は、あると考えているよ。上のグラフを見てもらえるかな

「商材を選ぶときに、候補として選択する企業は？」という質問に対して、31・5パーセントの人が「情報収集、課題形成において参考になった業者・企業を選ぶ」と答えています。

つまり、木下さんが発信するブログにおいて、接客マナーについての基本情報がわかっ

たり、今現在企業が悩んでいる課題が解決されたりした場合、木下さんに講師をお願いしようと思う可能性があるということです。

また、実際に自分がメディアを運営したときの実感値からも、コンテンツマーケティングはＢｔｏＢ商材についても効果を発揮すると感じています。

僕が編集長をつとめていた「ｆｅｒｒｅｔ」というメディアは、中小企業のマーケティング担当者の悩みを解決することが目的のメディアでした（２０１４年時点でのユーザー設定。以下、「ｆｅｒｒｅｔ」の事例はすべて僕が編集長をつとめていた当時の話です）。そこに訪れ、頻繁にサイトを参考にしてくれたマーケティング担当者の中には、その後、会員登録をして、「ｆｅｒｒｅｔ」のツールを使ってくれ、「ｆｅｒｒｅｔ」を運営する会社のコンサルティングを申し込んでくれることも多かったです。

実際、僕自身がＳＮＳマーケティング担当になったとき、会社のパソコンでＳＥＯ対策とか、リスティング広告などの言葉を調べていたら、「ｆｅｒｒｅｔ」のサイトにたどり着いて、飯髙さんがこの業界の第一人者だということを知ったんですもん

それでいうと、当時の「ｆｅｒｒｅｔ」は、アクセスのほとんどが月曜から金曜日の就業時間内に集中して、読まれているメディアだったから、まさにＢｔｏＢのメディアだったといえるよね

そうだったんですね！　コンテンツマーケティングはＢｔｏＢでも効果を発揮することがわかりました

2章　まとめ

・コンテンツマーケティングによって、SEO対策やリスティング広告ではアプローチできない潜在顧客へのアプローチが可能になる。

・コンテンツマーケティングは、商品購入の可能性がある顧客の育成や、購入直前の顧客の後押しの役割も担う。

・SNSマーケティング単体ではリーチしにくいBtoBの商品やサービスにも有効。

3

まだ
PVで
消耗してるの？

ところで、浅野くんのオウンドメディアは、何が失敗だったの？
なんでも、1年間、いろんなコンテンツを作ってアップしてきたんだけど、PVが全然伸びなかったとかで……
PVって、本当に大事なのかな？

木下さんのコンテンツ作りの相談に乗るということだったんですが、僕も横から質問をしてもいいですか？

もちろん（笑）

というのも実は、うちの会社、以前、オウンドメディアに取り組んで失敗したらしいんですよ

なるほど、そうだったんだね。木下さん、オウンドメディアって、聞いたことある？

えっと、自分たちが持っている情報を自分たちで発信するメディア……で、合ってますか？

うん、そうそう。だから自社のホームページもオウンドメディアといえるんだけれど、コンテンツマーケティングの文脈でオウンドメディアというと、「自社で制作したコンテンツをアップするサイト」という意味合いで使っていると思えばいいかな

うちの会社では、オーダー家具の上手な注文の仕方とか、オーダー家具ができるまで、みたいな記事を発信していたみたいです

浅野くんの会社でオウンドメディアを立ち上げるのも、木下さんのような個人事業主がブログの記事を書くのも、基本的な考え方は一緒なんだよね

まだ私たちのことを知らない潜在顧客に、コンテンツをフックにしてアプローチするためですね

そのとおり

で、ＳＮＳマーケティングと組み合わせればＵＧＣの起点にもできる

おー、いいね、いいね。そういうこと。さらにもうひとつあげるとしたら、商品やサービスを知った人にさらなる情報や安心を与えて、購買につなげやすくする側面もある

そこまではよくわかりました

ところで、浅野くん。浅野くんの会社のオウンドメディアは、何が失敗だったの？

なんでも、１年間、いろんなコンテンツを作ってアップしてきたんだけど、ＰＶが全然伸びなかったとかで……

わかります……。私も規模は全然違うと思うけど、一生懸命ブログを書いても全然ＰＶが伸びなくて。このまま続けていいのかなって思っちゃうから……

PVって、本当に大事なのかな？

え？

木下さん、1万人に読まれたけれど問い合わせが1件もなかった投稿と、100人しか見てくれなかったけれど、3社から問い合わせがあって、そのうち1社と接客講師の年間契約が取れた投稿だったら、どっちがコンテンツとして優れてる？

あ！

もうわかったよね。第1部でSNSの企業アカウントは何のために運用するのかを考えるのが大事と話したけれど、コンテンツも何のために作るのかを考えて作ることが大事なんだ

顧客候補に届いているかどうかが大事なんですね

そうそう。たとえば木下さんが、たまたま1日だけ書いた仕事とは関係ないアイドルの話が爆発的にヒットしても、意味がないよね。それより、木下さんの顧客になりそうな人が読みたいと思う記事がたまっていくほうが大事なはず

メディアの創刊編集長や、いろんな会社のコンテンツマーケティングを支援した経験か

ら言うと、**多くの企業はオウンドメディアの存在価値について勘違いしています。**

単純にＰＶだけをＫＰＩにすると、方向性を見誤るのは先に言ったとおりです。もちろんＰＶがなくてもいいと言っているわけではありません。しかし、商品やサービスによっては、ＰＶ以上に、同じユーザーが何度も訪れてくれることや、閲覧時間が長いことのほうが大事、という場合も多々あります。どの数字がオウンドメディアにとって一番大事な数字かは、メディアの存在意義によって変わります。

ほかにもよくあるのが、「オウンドメディアを立ち上げたのに一向に売上が伸びない」という相談です。しかし、そもそもオウンドメディアに対して、リスティング広告のような直接のコンバージョン（商品・サービスの購入）を期待すること自体、間違っています。だから、僕がコンサルティングを頼まれたときに、「メディアのＫＰＩは、コンバージョンだ」と頑として譲らないような場合には、「それならば、そもそもメディアを運営するのはやめて、リスティングとリターゲティング広告とフェイスブック広告とアフィリエイトにもっと投資しましょう」と伝えます。そういった広告はコンバージョンに直結しますし、計測もしやすいからです。

オウンドメディアの一番の目的は、それらの広告で届かない層にリーチすることなのですから、さっき言ったような広告と同じ指標で考えるのはナンセンスです。

では、オウンドメディアでは、いったい何を評価基準にするべきでしょうか。厳密には、企業によって違うでしょうが、多くの場合、オウンドメディアでは**「間接的なコンバージョンへの貢献」が評価ポイント**になるはずです。

もう少しわかりやすく言うと、商品を買ってくれる可能性のある人たちの「購入意欲を高め、育てる場」というのがメディアの役割なのです。

「間接的なコンバージョンへの貢献」というと、たとえばUGCを増やすこともそのひとつですよね

そう、浅野くんの言うとおり。あるオーダー家具に関して取り上げた記事がきっかけで、UGCがたくさん生まれてSNSで拡散されたら、そこからULSSASが回っていくよね

さっき言ったような、問い合わせが増えるというのもひとつの目安になりますか？

そのとおりです。何のためにコンテンツを作っているのかにフォーカスすれば、自然と、どの数字を追いかければいいかわかるはず

オウンドメディアに関して多い問い合わせは、

「立ち上げたまではいいものの、数字が伸びない」

「どうコンテンツを評価すればいいかわからない」

というものですが、この問い合わせのように、そもそも目標設定さえできてない企業がほとんどです。それで「失敗」というのもおかしな話ですよね。目標がなければ、失敗という判断すらできないからです。

中には「メディアをやる」という手段が目的になってしまっているケースもあります。メディアを単なる「人が集まる装置」としてしか考えていないわけです。

「人を集めた結果、何をしたいですか？」と聞くと、答えがない場合もよくあります。

これではメディアは続きません。メディアを作ることには、それなりの時間とお金がかかりますし、うまくいく保証もありません。だから、「やる」のであれば、どんな評価基準をもって進めるのかを前もってしっかり決めることが大事なのです。

左のグラフを見てください。

リスティング広告が、出稿時をピークとして集客数が徐々に減っていくのに対して、コンテンツマーケティングは、長いスパンでじわじわと成果が積み上がっていきます。


企業のメディアの特質にもよりますが、配信した当日の記事だけではなく、過去の記事が読まれることも多く、記事が増えるほどユーザーの満足度や滞在時間も長くなりますから、集客につながりやすくなります。

ただし、それは時間をかけてメディアを育てたからこそ。メディアをやれば、人が集まってすぐにコンバージョンするというのは、間違いです。

じゃあ、PVが伸びないからメディアをやめるというのは、そもそも考え方自体がズレていたんですね

その可能性はありそう

じゃあ、コンテンツを運営するときには、何をよりどころにして、どんなコンテン

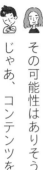

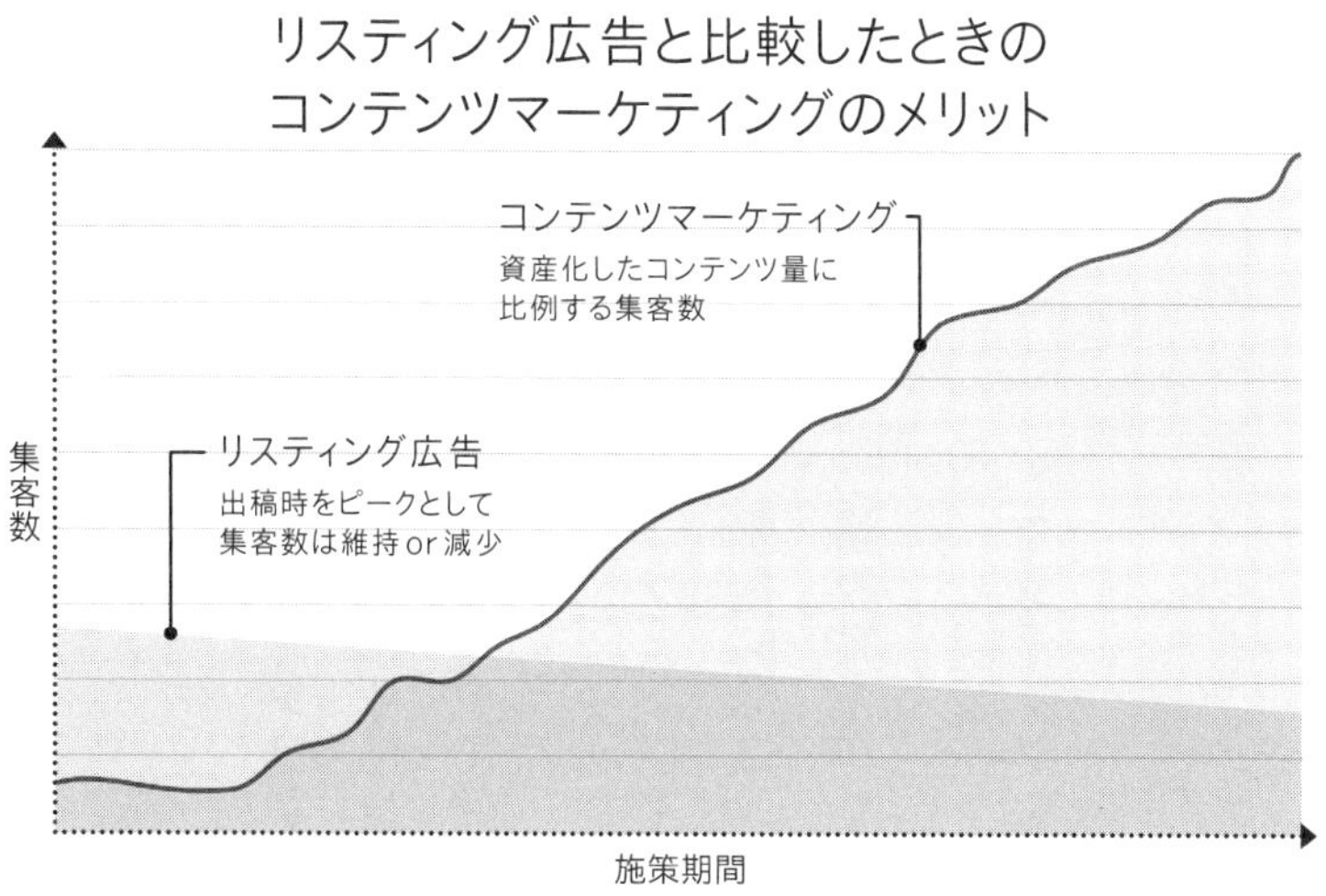

ツがいいコンテンツだと評価すればいいんでしょうか？

それを決めるために必要なのが、ミッションやペルソナの設定なんだよね。

それはね……

3章　まとめ

・コンテンツマーケティング、
とくにオウンドメディアは、
一朝一夕で効果が出るものではない。

・コンテンツマーケティングは
直接的なコンバージョンのためではなく、
間接的なコンバージョンへの貢献の意味合いが強い。

・コンテンツの目的と目標設定を明確にする。

4

誰のどんな悩みを解決するの？

メディアを作ろうと思ったときに、まず何からスタートすればいいかについて考えてみよう。必ずやらなきゃいけないのは、ミッションとユーザーの設定なんだ
ミッションとユーザー？
もっと平たくいうと、誰のどんな悩みを解決するのかということ

ここからは、メディアを作ろうと思ったときに、まず何からスタートすればいいかについて考えてみよう

お願いします

企業のオウンドメディアを例にとって話をするけれど、単体の記事広告も同じ考え方だし、木下さんにとってのお仕事ブログも同じだと考えてね

はい、わかりました

メディアを考えるときに、必ずやらなきゃいけないのは、ミッションとユーザーの設定なんだ

ミッションとユーザー？

もっと平たくいうと、誰のどんな悩みを解決するのかということ

ここでは、僕が前職で創刊したメディア「ｆｅｒｒｅｔ」を例に説明していきましょう。「ｆｅｒｒｅｔ」は、中小企業のウェブ担当者が総合的にマーケティングを学べることを目的に立ち上げたメディアです。会員数が順調に増え、「ウェブマーケティングといえばｆｅｒｒｅｔ」と想起されるようなメディアに成長し、このメディアをきっかけに、会社

誰の、何を、どのように解決するメディアなのか？

項目	例
誰の？	中小企業Web担当者の
何を？	Webマーケティング施策のプランニング・実施方法がわからないという問題を
どのように？	ferretのノウハウと仕組みが組み込まれたツールを提供することで解決する

のツールやコンサルティングサービスを受けてくれる企業が多かったところが特徴です。

このメディアを運営していたときのことを例にお話ししましょう。

短期間で爆発的に読者が増えた「ferret」ですが、何かウルトラC的な秘策があったわけではなく、地道なことをコツコツやって、アクセスを増やしていきました。

最初にやったのは、やはりミッションとユーザーを明確にすることです。

先にお話ししたように、「ferret」は、中小企業のウェブ担当者の課題を解決することを目的としていました。この概念を「ウェブマーケティングの大衆化」と考え、「ferretのツールを使えば、誰でもウエブマーケティングについて50点、60点くらい取れる」を実現することがミッションでした。

会員登録すると、

・限定記事がすべて読める
・ノウハウがまとまった資料を無料でダウンロードできる
・Webマーケティング講座（勉強ができるツール）の進捗管理ができる
・お気に入りの記事をストックできる
・マーケティングに役立つ新着情報を受け取れる

などの特典があります。メディアの役割は会員登録をしてもらい、その先のコンサルティングにつながる可能性のあるユーザーを育成することでした。

このように、**誰の、どんな課題を、どのように解決するのか**を書き出せば、いつでもどこでもミッションに立ちもどれます。

「いいコンテンツか、よくないコンテンツか」も、このミッションに照らし合わせれば、わかります。

これはわかりやすいですね。私も漠然とブログを書くんじゃなくて、これを考えるようにします

木下さんの場合は、ブログで接客マナーについて書いているの？

そうなんですけど、今、お話を聞いていたら、そもそも、誰に向かって書いているのか自体がブレていた気がします

というのは……？

実際に接客をする人たちに向けての記事なのか、接客指導をする人たちに届けたい記事なのか、全然意識せずに書いていた気がします

今、木下さんが気づいたことは、実はものすごく大事なことで……

コンテンツを作るときに、誰に見てもらいたいかを考えることはとても重要なのですが、ポイントは**「実際に購買の意思決定をする人が、ユーザーとは限らない」**ケースがあることです。

少し話は脱線しますが、この件についてここで解説をしておきましょう。

たとえば、前に例にあげたお菓子メーカーのシャトレーゼは、実際の店舗で買い物する

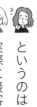

のは40代から60代の主婦が多く、SNSマーケティングに取り組む前は、駅前でチラシを配ったり、ポスティングをしたりして集客をしてきました。来店者もそのチラシを持ってくる人が多かったので、40代以上の主婦をチラシで集客する方法は、一見、正しいように思われました。

けれども、ツイッターを使ってエゴサーチをしてUGCを見たところ、10代、20代のツイートが多いことに気づきました。

つまり、店舗に買いに来ていた人は40代以上の主婦層だったけれど、その前段階には「娘が大好きで、食べたいと言った」という背景があったわけです。そこで、チラシ戦略はそのまま続ける一方で、SNSマーケティングやコンテンツマーケティングに取り組んだところ、UGCが大きく伸びたというわけです。

木下さんの場合も、企業の接客講師を誰が決定するかについて、もう少し検討する必要があるかもしれません。たしかに、企業の教育部が決めるケースもあるでしょうが、現場のスタッフが「この人のブログがわかりやすいから、この人に習いたい」と上司に話して、そこから仕事が発生する可能性もあります。

その場合は、第一ユーザー（企業の教育部）と、第二ユーザー（現場の接客スタッフ）というように、ユーザーを二段階で設定することもあり得ます。

このユーザー設定に関しては、次の項目でもう少し詳しくお話しします。

4章　まとめ

・メディアの運営やコンテンツ制作には、ミッションとユーザー設定が重要。

・誰の、どんな悩みを、どのような方法で解決するのかを明確にする。

5

ユーザーは
どんな人？

ペルソナは詳しくイメージすればするほどいいんですか？
関係者の間で目線をしっかり合わせるために作るものだから、ある程度深く掘り下げた方がいいと思うよ。ペルソナは複数設定することが多いかな
そうなんですね!?

誰のどんな悩みを解決するのか、が書き出せたら、次はペルソナの設定です

ペルソナ……？

マーケティング用語でいうペルソナとは、この商品やサービスを使う典型的なユーザー像のことを指します。

オウンドメディアであれば、どんなユーザーがこのメディアを頻繁に読んでくれるのか、ということを想像して考えます。

たとえば、当時の「ｆｅｒｒｅｔ」のペルソナの一例はこんな感じでした。

「20人くらいの会社で、3億程度の売上を持っている部門に所属していて、マーケティングを担当している。ウェブに特化したマーケティングチームを作るだけの予算も人員もないので、ある程度、広く浅い知識が必要だと感じている。ウェブで調べ物をするときは、グーグルとヤフーで検索上位にある記事を読む。または、スマートニュースやグノシーをはじめとしたキュレーションメディアを見ている」

たしかに、こういうペルソナがあると、頭の中にイメージしやすいですね

ユーザー視点になるためのペルソナ設計

個人の顔、性格、状況をイメージできる状態にすることで
「ユーザー視点」の思考ができるようになる

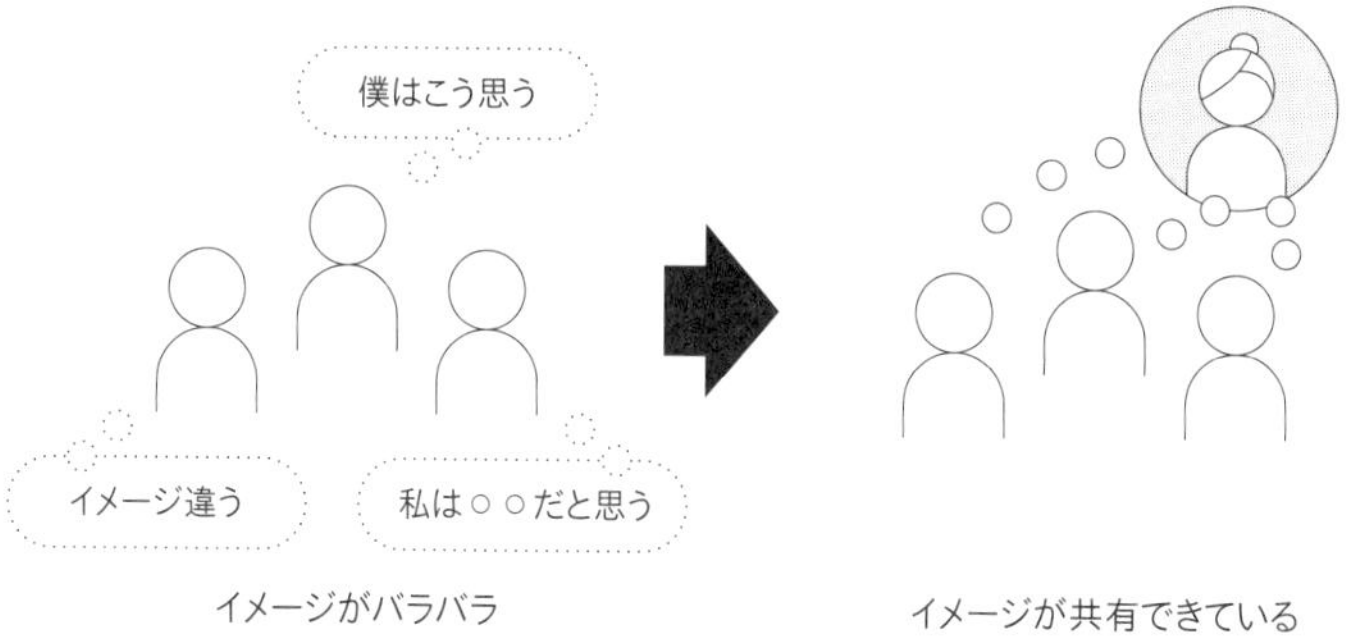
僕はこう思う
イメージ違う
私は○○だと思う
イメージがバラバラ
イメージが共有できている

記事を書くときにも、書きやすくなる気がします

そうなんだ。ペルソナがあることによって、「じゃあ、この人の悩みを解決する記事はどんな記事だろう」と想像しやすくなるし、コンテンツの内容を考えるときにも「自分はこの記事が好き／嫌い」ではなく「このペルソナはこの記事を好きだろうか？ 嫌いだろうか？」という視点で考えることができるよね

言われてみると、会議のときにユーザーの目線がすっぽり抜けることがあるから、ペルソナ設定があるといいですよね

ユーザーが設定されたら、そのユーザーの課題を解決するコンテンツを作っていきます。どんな記事を書いたときも、「この記事はユーザーの課題を解決できているかな？」と考えていくと、ユーザー目線がブレません。

ペルソナは詳しくイメージすればするほどいいんですか？

そうだね。ペルソナは、関係者の間で目線をしっかり合わせるために作るものだから、ある程度深く掘り下げたほうがいいと思うよ。記事ひとつ書くにしても、これはペルソナが本当に欲しい情報かな？　と考える目線ができるから。しかも、ペルソナは複数設定することが多いかな

そうなんですね!?

うん。木下さんの場合なら、企業研修を決める部署の人と、実際の販売員を深く掘り下げるのもいいだろうし、東京のデパートで働く人と、地方の美容師さんをイメージするのもいいと思う

なるほど。それをすることによって、この人のために書こうとわかりやすくなりま

すよね

僕は、**これからのメディアは、「広く浅く」か「狭く深く」に二極化していくと考えています。**

「広く浅く」というのは、新聞社が運営するメディアや、ヤフーニュースやスマートニュースのようなイメージです。

一方で企業が運営するメディアは、専門メディアとして、狭く深く盛り下げていくのがいいでしょう。**時代のニーズは、より「狭く深く」になっていく**と思います。

第1部でもお話ししたように、情報の99パーセントは届かない時代です。これからもさらに、世の中の情報は増えていくでしょう。そういった時代で戦うには、**「自分たちの専門領域について、深く伝えて、それを本当に必要としてくれる人に届ける」**ほうに勝ち目があります。

狭く深く届けるためにも、ユーザーを知ることは大事です。

たとえばスターバックス・コーヒーのユーザーにしても、大学生と30代の女性が1杯購入するのでは、視点が違います。大学生はインスタ映えにこだわっているかもしれないし、30代はコーヒーといえばスタバという考えになっているかもしれません。そのどちらを自社のユーザーと考えるのかが「深さ」につながります。

個人的にアドバイザーをしているメディアに「soar（ソア）」というメディアがあります。

このメディアは、「人の持つ可能性が広がる瞬間を捉え、伝えていく活動」を発信していこうとしているメディアで、難病にかかった人のエピソードや、社会的マイノリティといわれる人たちの経験談などを紹介しています。リアルイベントもよくおこなっていて、ユーザーとの交流も頻繁におこなっています。

このメディアのすごいところは、ひとつの記事がとても長いこと。1万字を超える記事はザラです。1万字もの記事を読了するのは、普通は大変でしょうが、グーグルアナリティクスで見ると、ページの滞在時間が10分以上になっている記事もたくさんあります。いかに読者が熱心に読んでくれているかがわかります。

とくに、難病経験者や、社会的マイノリティの方のインタビューなどは、情報の希少性

も高いといえます。そういう人たちにみっちりと話を聞くことで、同じ悩みを持つ人にはもちろんのこと、別の課題を抱えた人たちにも届くような仕立てになっています。

この「狭さと深さ」に対してコアなファンがしっかりついていて、先日おこなわれたサイトリニューアルのクラウドファンディング（ウェブ上で募金を集める資金調達法）では、1000万円超の寄付が集まっていました。

「深さ」の追求は、これからコンテンツマーケティングをおこなう人たちの課題になっていくでしょう。そして、その「深さ」を追求する際に大事なのが、企業目線の発信ではなく、ユーザーを深く理解して発信していくことなのです。

5章　まとめ

・ユーザー視点を獲得するために、ペルソナを設定することが大事。

・メディアやコンテンツは「狭く、深く」を目指す。

6

メディアは量なのか、質なのか？

メディアをやるとしたら、大事なのはコンテンツの質ですか？それとも量ですか？
これは、よく議論されることだね。どっちだと思う？
え、やっぱり量じゃないでしょうか
うーん、私は質かなと思います
なるほど。正解は……

飯髙さん、もしメディアをやるとしたら、大事なのはコンテンツの質ですか？ それとも量ですか？

これは、よく議論されることだね。浅野くんは、どっちだと思う？

え、やっぱり量じゃないでしょうか。だって、そもそも量がないと、メディアとはいえない気がしますし……

木下さんはどう思う？

うーん、私は質かなと思います。誰かの役に立ついいコンテンツじゃなければ、UGCも生まれないわけですよね。だから、質かなあって

なるほど。正解は……

と、前振りしておいて恐縮ですが、実はこの質問には答えはありません。というのも、量も質も同じくらい重要だからです。

ユーザーにとって有益なコンテンツでなければ、そもそも意味がありませんから、質は重要です。意味のない記事を月間2000本書いてもしょうがありません。でも、月に1本だけ記事を書いているメディアにはファンもつきませんし、「この課題はあのサイトを

コンテンツの質も量も大事

コンテンツにはお金か時間をかけましょう

見られないと意味がない＝見られるための努力を

見れば解決する」とは思ってもらえません。

ですから、**結論としては「両方大事」なのですが、この「量」と「質」がいったい何を指すのかをちゃんと理解していることが重要**です。

たとえばひとくちに「量」といっても

①コンテンツの量・頻度
②テキストの量
③キーワードの量

の3つの側面があります。

「このメディアに行けば、知りたい情報が集まっている」と思ってもらうためには、記事の本数ももちろん大事なのですが、それとは別に1本の記事あたりのテキスト量も重要です。

これはメディアとユーザーによって変わると思いますが、当時「ｆｅｒｒｅｔ」では、5000字までは、テキストの量が多ければ多いほど読まれやすいという傾向がありました。4000字以上のテキストがあると、検索順位も上がりやすくなります。

また、キーワードの量も大事です。たとえば、僕が「ｆｅｒｒｅｔ」を運営していたときは、ＳＮＳマーケティング担当者が検索しやすい言葉を一覧で書き出して、それらの掛け合わせたタイトルでひたすら記事を作っていくということをしていました。

たとえば、「マーケティングオートメーション」という単語について検索している人が多いとなったら、

マーケティングオートメーション×比較
マーケティングオートメーション×メリット
マーケティングオートメーション×デメリット
マーケティングオートメーション×歴史
マーケティングオートメーション×価格……

のように、検索のボリュームの多い単語と掛け合わせたタイトルの記事を作っていきます。

これらは、言ってみれば、リスティング広告で入札するようなキーワードを自分たちの記事で取りに行くという考え方です。いろんなキーワードで検索してくるユーザーを「ferret」に呼び込みたいので、ある程度記事の量が必要です。

ただ、勘違いしてはいけないのは、これは単純にSEO対策をしてPVを伸ばしたいという話ではないことです。

ユーザーの視点に立つと、「自分が困っていることを検索したら、いつもferretにたどり着く。このメディア、なんだろう」と思うようになって、サイト名を覚える。サイトに会員登録をする。「SNSマーケティングで困ったらferretに行けばいい」と想起してもらうことが重要なのです。

こうなってくると、指名検索が起こるし、UGCも発生するし、ツール使用やコンサルティングの問い合わせなどのコンバージョンにつながることもあります。

こういった「悩みを解決する」記事を量産する一方で、ただの悩み解決で終わらない、ユーザーに深く刺さる記事も必要です。

たとえば、「ferret」で、アクセスはそこまで多くないのに、問い合わせの数がとても多かった記事があります。それは、「流入チャネルを改善し、来院数を5倍にした鍼灸治療院のマーケティングツール導入事例」というタイトルの、実際のマーケティングの成功事例でした。

こういった具体的な記事は、同業者や業界が近い人には狭く深く刺さるので、その記事を読んですぐに問い合わせをしようという人も増えるのです。

ただ一言で「質」といっても、ここで紹介したような「ユーザーが求める質」だけが重要なわけではありません。「質」の高さも3つの要素に分解されます。

①グーグルが求める質
②プラットフォームが求める質
③ユーザーが求める質

このうち、①は、グーグルの判断する「質の高い記事」になっているかどうかという視点です。ご存じのようにグーグルの検索アルゴリズムは、ときどきアップデートされます。どんな記事を検索上位に表示するかは、グーグルがその時点でどんな記事を良質だと考えているかに左右されます。ですから、ユーザーだけではなく、グーグルの求める質というのも重要なのです。

②の、プラットフォームが求める質というのは、規約やガイドラインに沿っているかどうかということです。

③は、これまで書いてきたように、ユーザーのペルソナに沿って悩みを解決していくことです。「マーケティングで困ったことがあったら、ｆｅｒｒｅｔだよね」と想起してもらえる状態になれば、質の高いメディアだといえるでしょう。

では、量も質も、どちらも追いかけたいと思った場合、どうすればいいでしょうか。そのときに役に立つのが、カスタマージャーニーの制作です。

ミッション・ユーザーを決め↓ペルソナを設定し↓カスタマージャーニーを作る。僕は、アドバイザーをつとめた企業には、この作業を必ずしてもらいます。

２０７ページに示したのが、カスタマージャーニーマップです。

これは、ユーザーが、どのタイミングでどんな行動をとるのか。その行動のあとどんな気持ちになって、どんな態度変容を起こすのかをイメージするために作ります。

コンテンツを作るときには、このカスタマージャーニーのどのタイミングで自分たちのコンテンツを見てもらいたいか、そのためにはどれくらいの長さの記事がいいか……などをコンテンツマッピングをしながら細かくチェックしていきます。


カスタマージャーニーマップを作ることで、

「この記事はユーザーが検索をしたときにサイトに来てくれるための記事だから、できるだけ検索キーワードにかかりやすいタイトルにしよう」

とか、

「この記事は購入先を比較検討しているときに読んで、購入の背中を押す役割の記事だから、成功事例を交えて少しエモーショナルに書こう」

とか、

「インタビュー記事は検索には引っかかりにくいけれど、この人に登場してもらったら、この人のファンが読んでくれて新規読者が獲得できるはず」

のように、記事ごとに目指す方向性がはっきりします。

カスタマージャーニーマップ

ユーザーのジャーニーマップにする。事業者都合のジャーニーマップにしない

ユーザーがどのような気持ちでどんな行動をとるのか？　行動したうえでどんな気持ちになるのか？　ユーザー視点での態度変容を時系列で想定することで、どのタイミングでどのような「モノゴト」を提供するといいのか？　を想定することができる。

例：旅行

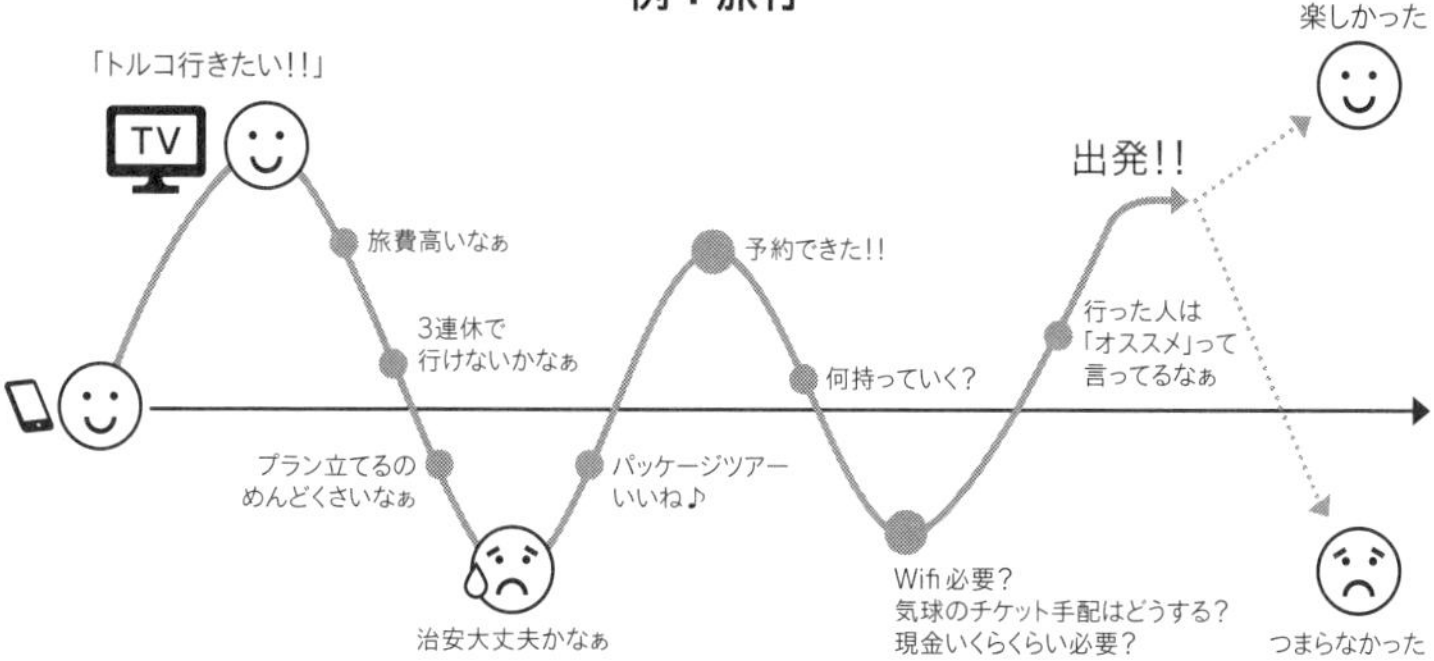

コンテンツマッピングはサイト設計や導線設計に役立つ

コンテンツマッピングはユーザーの態度変容に沿って、どのような情報がどのような方法で必要か判断する際に役立ちます。コンテンツマッピングをおこなうことで、情報の整理ができ、サイト設計や導線設計に役立ちます。

行動	きっかけ	情報収集	予約	旅程検討	渡航直前
サイト	・プラン紹介 ・きれいな写真	・ホテル情報 ・キャンペーン ・パッケージツアー	・ホテル予約 ・レンタカー情報 ・海外Wifi	・旅行の準備物 ・観光MAP ・体験談	・トラブル時のお問い合わせ ・ご当地のお土産情報
サイト以外	・チラシ ・店頭のポップ	・お問い合わせ ・メルマガ ・クーポン紹介	・専属プランナー ・ガイド資料	・トラベルガイド ・チケット手配	・緊急窓口 ・アンケート

ほえ〜。そんなことまで考えて、記事を作っていたんですね。僕、異動になってから、「気づいたらいつもｆｅｒｒｅｔのサイトを見てる」ということが多くてすごいなと思っていたんですけれど、ちゃんと計算されているんですね

これを作ることによって、企業側が自分たちの勝手な思い込みでコンテンツを作ってしまうのを防げるんだよね

私もすごく勉強になりました。さっき飯髙さんがおっしゃったように、接客講師を指名する人と、接客講師からセミナーを受ける人と、両方をイメージしながら、一度カスタマージャーニーを書き出してみます！

6章　まとめ

・オウンドメディアは量も質も大事。

・記事ごとに、目的を明確化する。

・記事の目的はカスタマージャーニーから考える。

7

コンテンツって、そんなにたくさん作れるもの？

メディアを
スタートしても、
そんなに書くこと、
あるかなあと
心配なんですが
「書くことがない」状態は、
あり得ないと思うよ

飯髙さん、それぞれの記事に役割を持たせることはわかったのですが、ひとつ質問していいですか？

どぞどぞ

飯髙さんが手がけたメディアは、SNSマーケティングという分野で、ユーザーもいろいろ知りたいことが多いから、記事もいろんな切り口で書けると思うんです。木下さんも、接客マナーが専門だから、みんなが知らないマナーを教えるコンテンツが作れると思うんですよね。でも、オーダー家具ができるまでとか、興味ある人、いるんでしょうか。メディアをスタートしても、そんなに書くこと、あるかなあと心配なんですが

浅野くんみたいな相談は、実は結構あるんだよね。でも僕は「書くことがない」って状態は、あり得ないと思うよ

そうでしょうか

だって、書くことがないっていうのは、その商品をオススメする理由がひとつもないとか、その分野の情報を誰も必要としていないってことだよね。もしもそうだとしたら、そもそもそんな商売成り立ってないはず

おっしゃるとおりです……
自分たちの会社では当たり前だと思っていることでも、ユーザーにとっては新鮮な驚きがあることって、いっぱいあると思うんだよね

「何を書けばいいかわからない」
「書くほどのネタがない」

メディアをスタートしようとする企業の担当者からよく聞く声です。でも、本当にそうでしょうか。

たとえばあなたの会社がネジを作っている会社だとします。僕は、その会社がネジの溝の深さや、素材との相性について熱く語っていたら、きっとそのコンテンツを読み込んでしまうと思います。だって、ネジについてそんなに詳しく教えてくれるプロって、周りにいないですもん。

えてして、**自分にとっての当たり前は、相手にとっての驚き**だったりします。

自分たちの商品について一番知っているのは、自分たちです。その道のプロとしての目利きの見解を、ユーザーは求めているのです。

なんか、勇気が持てました。僕たちが知っていることや、こだわっていることを伝えていけばいいんですね

そうそう。で、そのときに大事なのが、さっきのカスタマージャーニー。ユーザーがどんな気持ちで記事を読むかを考えずに記事を作ってしまうと、企業目線の押し付けになってしまうから、そこを意識するといいよ

カスタマージャーニーに沿って記事を作ることと同時におすすめしたいのが、ユーザーのニーズ調査です。つまり、ユーザーがどんなキーワードで記事を探しているのかを調べるのです。

ユーザーの課題を見える化することで、どんな記事を書くべきかがわかるはずです。

もうひとつ聞いてもいいですか？

もちろん

これも弱気なようで恥ずかしいんですが、僕の会社の場合、まだ公式アカウントを

ニーズ調査（基本となるキーワードの抽出）

No.	基本キーワード	検索ボリューム（Googleキーワードプランナーより抽出）	備考
1	（例）ビジネスチャット	390	
2			
3			
4			
5			
6			
7			
8			
9			
10			

立ち上げたばかりで、フォロワーがゼロに近いんです。そんな状態の場合、作った記事は、どうやって宣伝して読んでもらえばいいんでしょうか。それこそフェイスブック広告とか、ツイッター広告出すしかない？

もちろん、広告を出してもいいんだけれど、僕だったら社員のアカウントで拡散するかなあ

個人アカウントですか？

そうそう。これまでアドバイザーをしてきた会社も、最初はほとんど社員のアカウントで拡散してきたよ

コンテンツマーケティングをおこなう場合、

社員には必ず個人アカウントを持ってもらい、そのアカウントを育ててもらいます。公式だけではなく、プライベートグラフを持つ社員のアカウントで記事を拡散してこそ、最初のフックを作ることができます。**最初は顔の見える社員の投稿で出現率を増やし、だんだん公式にも興味を持ってもらう**ような流れです。

今、僕が所属している会社、ホットリンクでも、やはり最初はスタッフの投稿から、徐々にコンテンツが見られるようになってきました。

最近では「ホットリンクのメルマガはおもしろいらしい」というUGCが広がり、口コミからメルマガ登録に来る人が増えてきています。

一般的な企業のメルマガの開封率は2〜4パーセント程度といわれていますが、ホットリンクのメルマガ開封率は35〜40パーセント。これは、社員の投稿からUGCが生まれ、メルマガに到達してくれているという経緯があるからこそです。

7章　まとめ

・「書くことがない」ことはあり得ない。

・カスタマージャーニーを意識する。

・最初の拡散は社員からスタートする。

8

どの数字をチェックすればいいの？

メディアとしては、どこから流入してくる人が増えれば成功といえるんですか？
それはとても本質的な質問だと思う

先ほど飯髙さん、ＰＶだけを追いかけても意味がないと言ってましたよね

うん

では、メディアを始めたあとは、どんな数字をチェックしていけばいいんでしょうか。もちろん、メディアのミッションによると思うのですが……

そうだね。僕が主にチェックするのは①トラフィック数（ＰＶ数）、②読了率、③（ＳＮＳなどの）拡散数、④遷移数、⑤コンバージョンかな

遷移数ってなんですか？

これは、回遊率ともいって、サイトに来てくれた人が、どれだけほかのページを見てくれたかの指標になる数字のこと。このサイトの記事がおもしろいと思ったら、ほかのページも見てくれるようになるよね

たしかにそうですよね。おもしろいなと思ったら、ずっとそのサイトの中をぐるぐる回ってしまいます

そういうファンを作って、間接的にコンバージョンを上げていくのが、メディアの役割だと思うよ

拡散数というのは、シェアされた数のことですか？

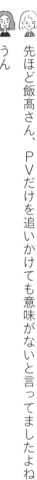

直接記事がシェアされた数も見るし、そのあとSNSでその記事をきっかけにどれくらいUGCが生まれたかも確認する。そこから先は、ULSSASをどう回していくかという話になるから……

SNSマーケティングとの組み合わせですね

そうそう。さすが！　SNSでの拡散が大きくなると、検索サイトのクローラーが巡回しに来るので、検索での評価も上がってくる。相乗効果が生まれるんだよね

少し細かい話になりますが、キーワード検索に強いタイトルと、SNSで拡散されやすいタイトルは違います。

たとえば、キーワード検索されるためには「誰もが知っておくべきSEO対策の基本」といったタイトルにして、グーグルをはじめとする検索エンジンでたどり着きやすいようにします。

でも、SNSは基本的には友人知人を中心としたスモール・ストロング・タイの連鎖で拡散が広がっていくものなので、キャッチーな言葉を使ったり、クリックしたいと思うような気になるタイトルをつけるといいでしょう。

たとえば、同じSEO対策について書いてあったとしても、「マーケ担当の僕が知らなくて恥をかいたアノ言葉」のようなタイトルのほうがいいかもしれません。

タイトルだけではなく、サムネイルの画像（投稿したときにSNSに表示される画像）を変えたりすることもあります。フェイスブックで動画が優先表示されるとなったときは、動画をフックにしました。

以前は、グーグルだけと向き合えば十分といえる時代でしたが、今は、SNSやほかのプラットフォームにも多くのユーザーがいるので、それぞれ拡散された先のメディアの特性と向き合うことも大事です。

メディアとしては、どこから流入してくる人が増えれば成功といえるんですか？

これはとても本質的な質問だと思う。僕は、ダイレクト流入、つまり直接自社のサイトに来てくれて、そこから記事をクリックしてくれる人が増えるのが一番大事だと思っているんだよね

ブログでいえば、お気に入りに登録されて、毎日見に来てくれる人という感じですよね？

そうそう。第1部でも話したけれど、指名検索は売上と相関する。マーケティングといえばferretとか、接客マナーといえば木下奈美さんのブログというように、ダイレクトで指名してくれる顧客が増えるということが、コンテンツマーケティングでいうところの「顧客を育てる」ということなんだよね

僕、検索での流入が増えることが大事なのかと思っていました

もちろん、検索流入も大事だよ。でも、たとえば「インスタグラム　活用」と調べたユーザーが記事にたどり着いたとしよう。その記事で課題解決をしてあげることも大事だけれど、それだけではファンになってもらえないよね。だから、検索流入だけを考えるのではなくて、検索で訪れてくれた人が、ダイレクトで指名してくれるようになる導線を考えるのが大事だよね

ダイレクト流入、検索流入、SNS流入の割合は、常にチェックしておきましょう。

たとえば、SNS流入が多いと「世の中で話題になっている」ように感じるかもしれませんが、いつまで経ってもSNS流入が9割というメディアは、メディアとしてうまくいっていないといえます。SNSで出会ってくれた人が、その後リピートしてくれたり、顧

客になってくれるような仕組みが作れていないということだからです。

ひとつ事例を紹介しましょう。

僕がお手伝いしたメディアに「Ｂｏｏｋｓ＆Ａｐｐｓ」という、エッジの立ったコラムを紹介をするメディアがあります。マネジメント、仕事、知識社会での生き方についてのウェブマガジンです。月間１６０万ＰＶほどの中規模メディアですが、大きな特徴があって、ほとんどのユーザーをＳＮＳとダイレクト流入だけで獲得しています。といっても公式アカウントが強いわけではなく、記事の内容をシェアしたい人が多い、つまりＵＧＣが多いのです。

記事のタイトルはどれも編集長が考えているのですが、検索のことはまったく意識していないそうです。多くのメディアが「検索で上位をねらうキーワード」を選定して、キーワードに沿って記事を生産している中、あえて逆張りしているのです。

編集長は無類の読書好きなのですが、彼が読んだ漫画や書籍の中から気に入ったフレーズをまとめていて、そのメモをもとに「このタイトルで記事を書こう」と思って記事を書くこともあるそうです。

そして、ＳＮＳ以外で多いのが、メルマガからのダイレクト流入。「Ｂｏｏｋｓ＆Ａｐ

ps」のメルマガは開封率が50パーセントを超えるときもあります。（一般的な開封率は2〜4パーセント程度）

セミナーを開催するときも、メルマガで情報を配信すればすぐに席が埋まります。

見るべき数字や、目標は、メディアのミッションやユーザー設定によって変わるということですね

そのとおり。あとは、トライ&エラーのくり返し。メディアの運営や、コンテンツマーケティングにカンフル剤はないんだよね。地道にコツコツ、仮説を立てて検証して実行する、をくり返すしかないんだ

もうひとつ事例をご紹介します。

こちらも、僕がお手伝いしている企業で、「セカイコネクト」という、ＢｔｏＢの海外貿易をサポートする会社の例です。

ある日本の商品を海外展開したいというときに、実際にその商品がどれくらいニーズがあるのかという商品診断をしてくれ、どんな販売ルートを作ればいいのかをコンサルティングする会社です。

僕がジョインする前から、ブログなどで情報発信をしてきたのですが、もう少し体系立ててコンテンツマーケティングをしたいというのが要望でした。

この会社でもまず、ミッションとユーザー設定、そしてカスタマージャーニーを作ってもらいました。

カスタマージャーニーを作る段階で、いくつかわかったことがあります。

海外に事業展開したいと考える人は、まず政府の公的機関に行く人が多いのですが、ここではそれぞれの国に対する全体的な傾向はわかっても、細かい個々のニーズにはこたえ

られません。「セカイコネクト」がコンテンツ発信するとしたら、そこに需要があるように思われました。

そこがわかったあとは、具体的な改善をしていきました。記事の分量を長くしたり、キーワードを意識した記事をアップしたり、それぞれの記事にダウンロードバナーをつけて、資料請求に結びつけたりといった地道な改善を続けました。

現在この会社では、商談の約半数がオウンドメディア経由になっているそうです。それまでは「気合と根性」のテレアポで新規開拓をしていたそうですが、今では、メディアを通じて顧客のほうからアプローチしてくれるわけです。

もちろん、一朝一夕でかなうことではありませんが、コンテンツマーケティングの可能性を感じる例です。

8章　まとめ

・サイトで指標にすべき数字を決める。

・記事ごとに数字を確認し、仮説を立てる。

・仮説に沿って改善を重ね最適化を目指す。

9

マーケターにとって一番大事な考え方

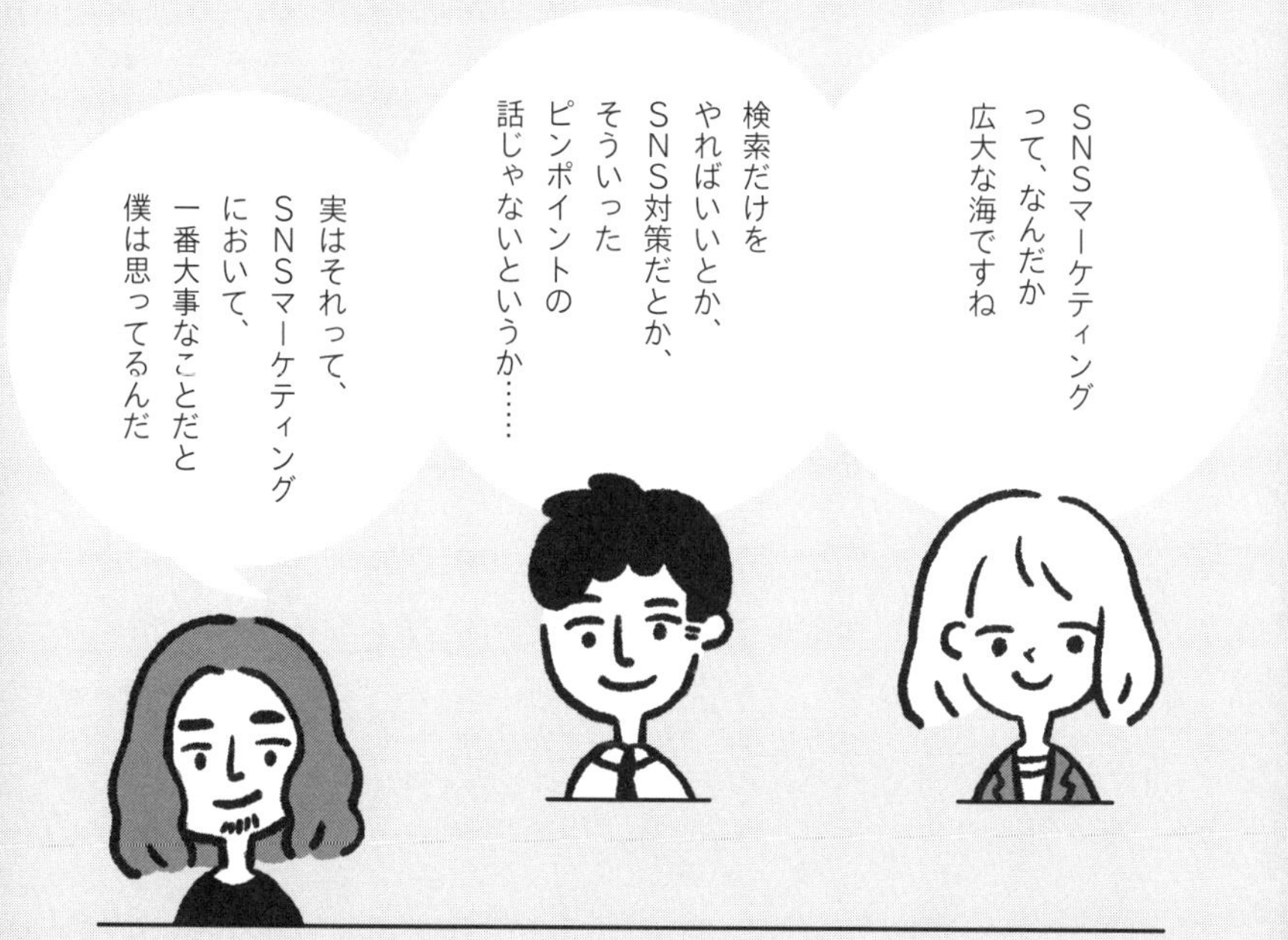

SNSマーケティングって、なんだか広大な海ですね
検索だけをやればいいとか、SNS対策だとか、そういったピンポイントの話じゃないというか……
実はそれって、SNSマーケティングにおいて、一番大事なことだと僕は思ってるんだ

ここまで話を聞いてきて思ったんですけれど、SNSマーケティングって、なんだか広大な海ですね

僕もそう思いました。なんか、検索だけをやればいいとか、SNS対策だとか、そういったピンポイントの話じゃないというか……

おおおお。2人とも、それはすごい。実はそう考えることが、SNSマーケティングにおいて、一番大事なことだと僕は思ってるんだ

そうなんですね！

大事なのは、部分最適ではなく、全体最適の考え方を取り入れることなんだ

部分最適じゃなくて、全体最適……ですか？

ＳＮＳマーケティングでもコンテンツマーケティングでも同じなのですが、それぞれの施策を単体で見てしまうと、どうしてもうまくいきません。ＳＮＳマーケティングは、部分最適で見るのではなく、全体最適で見るべきだからです。

多くの企業は、売上を増やすためのそれぞれの施策を、一律に同じ指標で評価してしま

なぜ、多くの企業が苦労し失敗しているのか

部分最適でなく全体最適で評価する

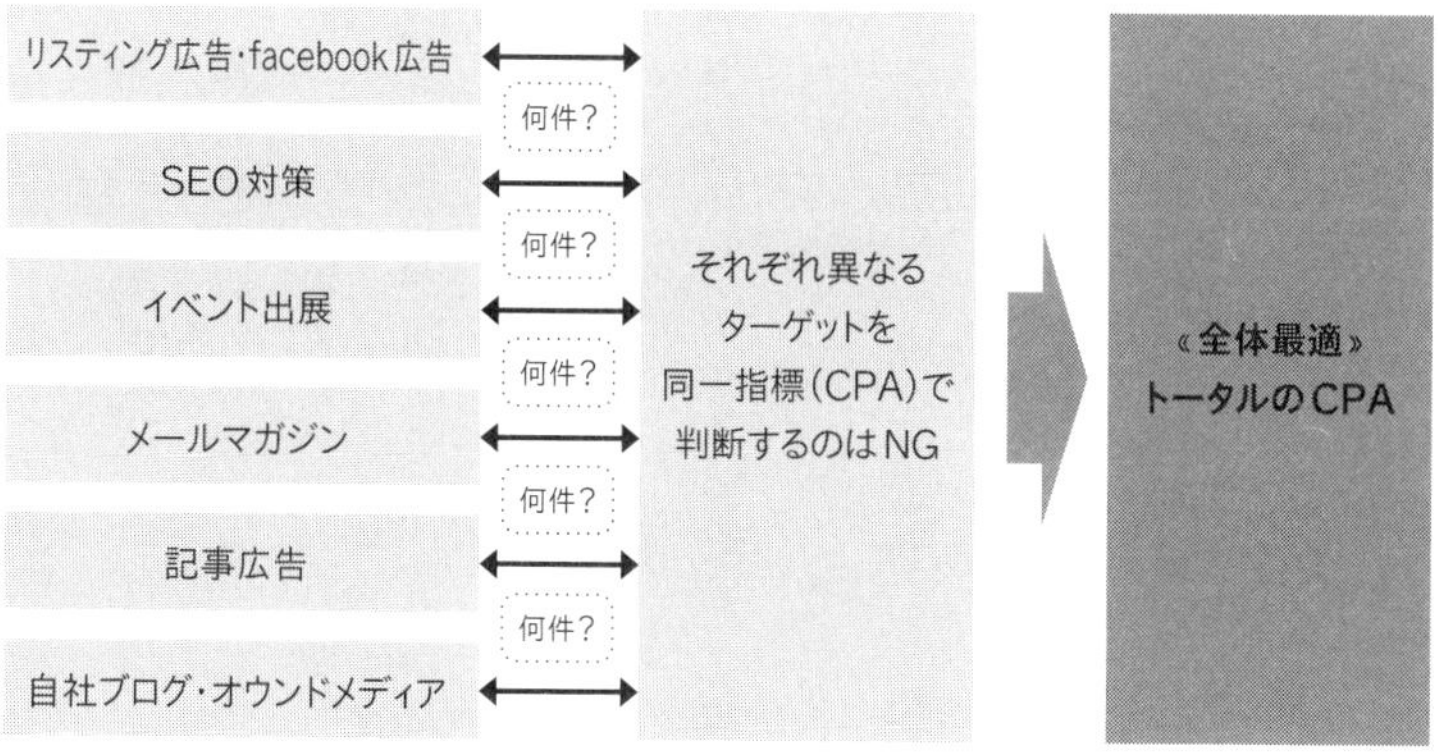

っています。

でも、オウンドメディアをはじめとする、コンテンツマーケティングの役割を考えたら、リスティング広告のように、1件あたりいくつのコンバージョンになったかという考え方で評価するのがナンセンスなのは、わかるはずです。

それなのに、社内の担当者も、外部の制作会社や代理店も、「フェイスブック広告のコツ」とか「グーグルの検索アルゴリズムのプロ」とか、「オウンドメディア運営ならおまかせを」みたいに、専門性が特化してしまって、たこつぼ化してしまっているのが実情です。

でも、すべてのマーケティングの最終目標は、商品やサービスを買ってもらうことであるはず。浅野くんの場合なら、オーダー家具の売上が上がることでしょうし、木下さんの場合なら、接客講師の仕事が増えることが目的のはずです。

今の時代、オウンドメディアの記事を読んで、そのあとしばらく忘れていたけれど、友人との話でまた評判を聞いて気になって、ツイッターの投稿でダメ押しされ、最終的にアマゾンで買うという行動は当たり前のようにあります。そのとき、アマゾンで検索してアマゾンで買ったという出口だけ見ていると、施策を見誤ります。**商品を取り巻くすべての環境を見渡して、全体最適の考え方で取り組むべきです。**

そう考えると、本来は、「コンテンツマーケティング」とか「ＳＮＳマーケティング」といった区別もなくていいはずです。商品やサービスを真ん中において、全体を俯瞰して見ること。そのうえで、専門家を選んだり、代理店に相談するという考え方が大事です。

ウェブマーケターに一番重要なのは、この全体を俯瞰して見るという視点だと思うんだよね。もちろん、マーケターに限らず、木下さんのように、個人事業主で顧客を獲得したいという場合も考え方は一緒

商品やサービスを真ん中において全体最適で考える

自分の担当分野だけで成果を上げようとするから、おかしなことになるんですね。これ、聞いておいてよかったです。さっそく週明け、ほかの施策に取り組んでいる同僚とも話をしてみます

浅野くん、僕が今日最初に言った言葉、覚えてる？

ウェブマーケの担当になったとお伝えしたら「おもしろい仕事だね」って言ってくださったことですよね

そうそう。ＳＮＳマーケティングは、これからすごく楽しくなると思う。その理由は、ＳＮＳの時代になって、企業のサイズにかかわらず、自分たちの商品やサービスを伝える方法が生まれ

たこと

私も、こんなにいろんな方法で顧客と接点を持てるんだと思いました。私みたいな個人事業主でもできること、いっぱいありますよね

そうそう。SNSの土俵では、大企業でも、中小企業でも、個人でも、同じように情報を広げることができる。これって、夢があるよね

はい！

そして、これも前に伝えたけれど、こういう時代だからこそ、事業規模にかかわらず、いい商品やいいサービスが評価される

すごく本質的

UGCからスタートするULSSASの時代には、いい商品であること、いいサービスであることが、何より重要になってくる。いいものをたくさんの人に知ってもらえて、売れていくのは、単純に嬉しいよね

その言葉にも勇気をもらいました。さっそく、飯髙さんに教わったことを会社のみんなに伝えます

私も、自分のサービスを誰に届けたいか、もっとちゃんと考えて仕事をしていこう

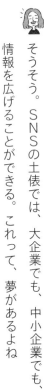

と思いました

❖

いかがだったでしょうか。

99パーセントの情報が伝わらないこの時代に、伝えることができる1パーセントになる方法。小手先の施策ではないことがわかっていただけたでしょうか。

何度もお話ししましたが、SNSマーケティングに飛び道具はありません。地道で、誠実に顧客と向かい合っていくことが、成功への一番の近道なのです。

ここまでいろんな施策をお話ししてきましたが、

「では、この時代に一番大事なことは何か」

と問われたら、究極的には、

「いい商品やサービスを作り、それを評価してもらう」

という、まっとうな結論に達します。

資本力に関係なく、まっとうに頑張ってまっとうにいい商品やサービスを作っている人たちの声が、それをのぞんでいるユーザーの元に届く。

そんな時代を、僕はわくわくしながら生きています。

9章　まとめ

・それぞれの施策で部分最適の解を求めるのではなく、全体最適で考える。

・施策ありきではなく、商品やサービスを中心に考える。

・いい商品、いいサービスを作ることが、究極のマーケティング。

おわりに

２０１８年12月、「ｆｅｒｒｅｔ」を運営していた株式会社ベーシックを退職し、ＳＮＳマーケティングを主戦場とする株式会社ホットリンクに転職しました。僕にとって、５回目の転職になります。

僕が新卒で就職活動をしていたのは、ちょうどリーマンショックが起こった年でした。なんとか人材系の企業にもぐりこんだものの、４人いた同期のうち2人は、入社１カ月で給料が払えなくなりクビ。どこの会社も雇い止めをしている中、人材系の企業は恐ろしく不況で、僕が退社したときには、社員数は3分の1になっていました。

その企業を皮切りに、ＩＴ企業の営業と、新規事業、サービス開発や、ＳＮＳアプリの立ち上げ、メディアの運営など、そのときどきで、自分の心が一番動く会社で働いてきました。

「この会社では2年。その間にこの数字をここまで伸ばしてみせる」

「この会社では3年。その間にこの分野の第一人者になる」

入社時から退職時期を明言し、自分の目標を決めて働いてきました。そのくり返しは、僕にいろんな引き出しを増やしてくれたように思います。

ひとつの分野を深く掘り下げて強い軸を持った先に、別分野との連携や結びつきを得て活躍する人材のことをT型人材と呼ぶそうですが、先日、僕のキャリアをお話ししたら、記者の方に「それは〝逆〟T型人材ですね！」と言われました。

たしかに、そうかもしれません。

最初はやりたいことがないから仕方なくなんでもやってきた。そのうちやりたいことが増えてきたから期限を決めて目標を定めてやるようになった。

その連続は、横に横に、自分の幅を広げるようなキャリアだったのかもしれません。

そして今、僕は、ホットリンクで働いています。

僕にとって、今回の転職が今までと違うのは、はじめて期限を決めずに入社したこと。これまで横幅を広げるように働いてきたけれど、このSNSマーケティングの分野ではじめて、縦に深める活動をしていきたいと思ったのです。ここに、自分の軸を作りたい。

これまでいろんな分野でIT業界のマーケティングに関わってきた自分にとって、このSNSマーケティングの分野は、とても魅力的な分野だと感じています。

その理由は、本書で浅野くんと木下さんに語ったとおりです。

SNSマーケティングの分野では、中小企業も個人もメディアになれます。そして、SNSマーケティングでは資金力がすべてではなく、商品やサービス「そのもの」の価値が問われます。

企業は「あのユーザーに広告を当てたい」などと勝手なことを言いますが、小手先のテクニックでコントロールできることではありません。

ユーザーは、よいと思うから発信する。好きだから発信するのです。そして、商品やサービスの購買は、そのUGCの先に起こります。

つまり、世の中は、どんどん本質的になっているのです。この本質をとらえれば、情報が届かない時代にも情報が届くようになるのですが、今はまだそれに気づいていない人が多いと感じます。

これからの時代のユーザー行動と、SNSマーケティングのスタンダードを、伝え、広め、企業もユーザーも双方幸せになってほしい。

それが、僕がこの会社でやりたいと思っていることです。


最後になりますが、この本を作ることができたのも、たくさんの方のお力添えがあったからこそです。この場でお礼をさせてください。


Jigen_1（@Kloutter）さんには、SNSの業界で一番をとるべきだと言われ7年が経ちました。ほかにも迷うことがある中で、今こうしてこの業界でみんなと切磋琢磨できているのはJigen_1さんのおかげです。

株式会社ベーシックCEOの秋山勝さん。ベーシックで働く前の僕は、言ってしまえば、いい状態で次の会社で働くことだけを決めている人間だったかもしれません。ベーシックで働いた4年半は、僕にとってプレイヤーとしてだけでなく経営者として多くを学べた時間でした。

株式会社ティネクト代表の安達裕哉さん。コンサルティングの立場で手伝っていた「Books&Apps」で、僕は逆に、経営者の視点だけでなくメンバーのマネージメントなど多くのことを学ばせていただきました。ありがとうございます。

株式会社アナグラム代表の阿部圭さん。阿部さんとの出会いは僕が2社目で働いていたときです。当時から仕事やキャリアで悩んだときにお話させていただいたのは阿部さんであり、僕にとっては兄のような存在です。これからも頼らせてください。

株式会社コーク代表大村晶彦さん。気づけばコークのコンサルティングを始めて3年が経ちました。当時はチーム作りを含め若いというか粗いなという印象でした。でも今では、チーム作りを含め、年下の大村さんの仕事を参考にしています。

株式会社インクワイア代表モリジュンヤとｓｏａｒ編集長の工藤瑞穂ちゃん。ジュンヤとはもう10年の付き合いであり、瑞穂ちゃんとはｓｏａｒができるちょっと前からですね。メディアのあり方やメディアの未来など、多くを教えてもらっています。またｓｏａｒの世界観に惚れています。

また、この本を作るにあたり、事例の掲載を許可してくださったり、快く取材を引き受けてくださった企業の皆様に、心から感謝いたします。

ブックデザインを担当いただいた杉山健太郎さん、イラストを描いていただいた冨田マリーさん、図版を製作いただいた小林祐司さん。このたびは期間の短い中、素敵なデザインを仕上げてくださりありがとうございます。書籍のカバーが僕の尊敬する方々のアイコンイラストになりとても嬉しく思っています。

ディスカヴァー・トゥエンティワン担当編集者の堀部直人さん、ライターの佐藤友美さん。書籍を出してみませんか、とお話をいただいたときから、気づけば3年半が経ちましたね。何度も何度も取材していただき、本を作る楽しさと難しさを知るいい機会となりました。僕の抽象度の高い話から、このような素敵な本に仕上げてくださりありがとうございます。

ホットリンクのメンバー。この書籍は僕ひとりでは完成させることができなかったものです。メンバーみんなが、日々クライアント様の成功のために働き、結果を残してくれたおかげで完成しました。これからもクライアント様の大事なメッセージが、多くの人に届くよう頑張っていきましょう。そして、より素敵な会社にしていきましょう。

そして読者の皆様。数多くある中からこの書籍を購入し、最後まで読んでいただきありがとうございます。僕も本を読むことが好きですが、まだまだ出会えていない本が山ほどあります。皆様の手に取っていただけたこの書籍が、今後の発展に役立つ本であったら嬉しいです。

SNSだけでなく、今後、多くのプラットフォームが登場するでしょう。それを毛嫌いせず、どうしたらお客様のためになるのだろうかということを常に考えていけば、道は拓けていくと思います。一緒に世の中を幸せにしていきましょう。

最後に、母、飯高はるみ様。

おかんに謝辞を書くのはどうだろうと思ったのですが、僕が今こうして書籍を出版できているのはおかんの存在があるからこそです。社会人になり、5回も転職した僕だけど、そのたびに「悠太が選ぶなら応援する」「言ったからにはしっかりやりなさい」と言ってくれた言葉に、どれだけ支えられたか。いつも信じてくれてありがとう。自由にさせてくれてありがとう。これからは少しずつかもしれないけど、親孝行していきます。また旅行いこうね。

飯高悠太

僕らはSNSでモノを買う

SNSマーケティングの「新法則」

発行日　2019年8月30日　第1刷

Author　飯髙悠太

Illustrator　冨田マリー
Book Designer　杉山健太郎（装丁・本文）
Chart Designer　小林祐司（図版制作）

Publication　株式会社ディスカヴァー・トゥエンティワン
〒102-0093　東京都千代田区平河町2-16-1 平河町森タワー11F
TEL　03-3237-8321（代表）　03-3237-8345（営業）
FAX　03-3237-8323
http://www.d21.co.jp

Publisher　干場弓子
Editor　堀部直人　編集協力：佐藤友美　Special Thanks：jigen_1（@Kloutter）

Marketing Group Staff　清水達也　飯田智樹　佐藤昌幸　谷口奈緒美　蛯原昇　安永智洋　古矢薫
鍋田匠伴　佐竹祐哉　梅本翔太　榊原僚　廣内悠理　橋本莉奈　川島理
庄司知世　小木曽礼丈　越野志絵良　佐々木玲奈　高橋雛乃　佐藤淳基
志摩晃司　井上竜之介　小山怜那　斎藤悠人　三角真穂　宮田有利子

Productive Group Staff　藤田浩芳　千葉正幸　原典宏　林秀樹　三谷祐一　大山聡子　大竹朝子
林拓馬　松石悠　木下智尋　渡辺基志　安永姫菜　谷中卓

Digital Group Staff　伊東佑真　岡本典子　三輪真也　西川なつか　高良彰子　牧野類　倉田華
伊藤光太郎　阿奈美佳　早水真吾　榎本貴子　中澤泰宏

Global & Public Relations Group Staff　郭迪　田中亜紀　杉田彰子　奥田千晶　連苑如　施華琴　佐藤サラ圭

Operations & Accounting Group Staff　小関勝則　松原史与志　山中麻吏　小田孝文　福永友紀　井筒浩　小田木もも
池田望　福田章平　石光まゆ子

Assistant Staff　俵敬子　町田加奈子　丸山香織　井澤徳子　藤井多穂子　藤井かおり　葛目美枝子
伊藤香　鈴木洋子　石橋佐知子　伊藤由美　畑野衣見　宮崎陽子　並木楓　倉次みのり

Proofreader　文字工房燦光
DTP　株式会社 RUHIA
Printing　日経印刷株式会社

ISBN978-4-7993-2548-3